JN094254

つながりの地理学

マイノリティと周縁からの地誌

熊谷 圭知

古今書院

Regional Geographies of Inclusion:
Views from Minorities and Marginal Areas

by KUMAGAI Keichi

ISBN978-4-7722-5346-8
Kokon Shoin Publishers Ltd., Tokyo

はじめに

　「つながりの地理学」と題したこの本で皆さんと一緒に考えたいのは、私たちがいかに遠い他者や他所とつながるかという課題です。

　地理学、とりわけ地誌は、もともと自らの世界と異なる世界に関心を持ち、それを記述することから始まりました。グローバル化が進み、IT 技術が進化する中で、私たちは逆に個人に分断され、他者とのつながりを失い、他所への地理的想像力を失っているように思います。それをどのように回復していくかは、私たちが人間としてよりよく生きていくために肝要な条件です。

　他者や他所を知ることは、私たちが「あたりまえ」と信じていることが、実はそうではないことを知ることでもあります。それは私たちを、常識の束縛から解き放ち、豊かにしてくれます。この本で取り上げる「他者」は、おもに国の中でマイノリティと呼ばれる人たちや、周縁地域に生きる人々です。日本も含む西欧近代の人間中心主義と経済偏重の世界が、さまざまな面で行き詰まりをみせる中、その課題を乗り越える鍵が、これらの人々や地域の中にある気がします。本書では、それを「場所」や「風土」をキーワードにしながら、考えていきたいと思います。

　この本を読んでくれる人の多くは、いわゆる「日本人」でしょう。日本人は、日本という国家の中に生きている限り、「民族」としてはマジョリティであり続けます。日本に生まれ育ち、日本人の両親を持ち、日本語を母語とし、姿かたちも日本人的で、日本の生活スタイルや価値観を身に付けているような典型的な「日本人」は、実は当たり前ではなくなっているのですが、それらが一体である（べき）という幻想を持ち続けているのが日本人と言えるかもしれません。マジョリティの立場に身を置くことは、マイノリティへの想像力を持たなくて済むということでもあります。マイノリティや周縁の立場から考え、想像すること、それは、日本という社会を、実はマジョリティにとっても生きやすくするために大切な条件だと思います。

　もう一つ、この本でめざしたい「つながり」は、時代を越えることです。1990 年代の半ば頃から、世界では金融を軸とするグローバルな市場経済が支

配し、新自由主義と呼ばれる考え方が主流となっています。その中では、小さな政府（弱者を救わない）と自己責任が常識とされ、ネットでのバッシングにみられるように、そこから外れる存在への憎悪をともなう排除が行なわれます。その背景には、皆が生きにくくなっていて、不満を抱えている現実があると思います。私が大学時代を過ごしたのは、まだ日本が世界に伍していく前の1970年代です。その時代感覚は今の常識とずいぶん隔たっています。現在以外の世界を想像できない若い世代とつながる使命が、私たちの世代にはあると思っています。

　最後の「つながり」は、地誌を描くこと、読むことを通じたつながりです。地誌とは、地域や場所の物語です。学問研究は、対象を分割し、分析し、ある概念やカテゴリーの枠に押し込めて理解することで、その対象と私たちを分断してしまう傾向があります。そうではなく、遠い場所や人々の存在をリアリティをもって伝え、共感的理解を育み、その存在とつながりたいという動機づけを与えるような地誌こそが、いま求められていると思います。

　書かれたものだけが地誌ではありません。皆さんが旅の風景や体験を誰かに語ったり、インスタグラムで表現したりするのも、地誌の入り口でしょう。この本が、皆さんにとって「地誌する」きっかけになるような、新たなつながりを生み出してくれることを期待しています。

目　　次

第1章　グローバル化時代の地理的想像力

1．地理学と地理的想像力

地理学と地誌

　地理／学とは、英語で言えば geography です。geo は地球や土地、graphy は記述ですから、地球や土地に関する記述が地理（学）ということになります。このような意味での地理は、もともと学問というより、人間の基本的な素養の一つであり、人間が生きていく上で必要な知識や態度・志向性を意味していたと言えます。つまり私たちは「地理」がなければ生きられないのです。

　地理学は、人間の2つの素朴な興味に応えるものです。すなわち第1に、山（あるいは海）の向こうに何があるのか、という関心、第2に、「ところ変われば品変わる」のはなぜか、という関心です。前者は、地理学の2つの柱からいえば「地誌」です。後者、ところ変われば品変わる背景を、経済・文化・政治・社会・歴史などさまざまな側面からとらえるのが系統地理学です。

　この本が焦点を当てるのは「地誌」です。地誌とは、地域の特質を記述するものであり、地域や場所の固有性を描きます。地誌から学ぶとき、気を付けなければならないのは、それが「他者化」に陥りがちなことです。他者化とは、他者を自らとは無縁の、自分より劣った、変わらぬ存在としてとらえてしまうことです。とくに途上国（「南」世界）がマスメディアで紹介されるのは、戦争とか飢餓とか何か悲惨な出来事が起きたときが多いのです。そうしたニュースは一時的な同情を呼び起こしても、それがなぜ生じたのかという根源を探ろうとはせず、「日本に生まれてよかった」で終わってしまいがちです。一方、私たちと異なる風習や文化を面白おかしく紹介する紀行番組もよく目にしますが、それも自分とは無縁の他者の出来事として、消費されてしまいます。

理解のない共感・共感のない理解

　この本の中では、場所や風土をキーワードに、オセアニアと日本（その中でも周縁化された地域や人々）の地誌を提示します。それは、現代世界を生きる私たちにとって、空間的・社会的に遠く離れた他者に対する想像力と適切な理解を持つことが大切だと考えるからです。

　適切な理解とは何でしょう。私は共感を伴う理解だと考えます。理解を伴わない共感とは単なる同情にすぎません。それは相手を十分理解しないまま行なわれ、時には相手に迷惑かもしれません。

　1985年に、エチオピアの飢餓を救おうというキャンペーン（Live Aid）がありました。U2のボノやボブ・ゲルドフといったロックミュージシャンが呼びかけ、多くのロックスターたちが参加した "We are the World" という曲を聴いたことがある人も多いことでしょう。

　20年後の2005年、やはり彼らが呼びかけてLive 8というキャンペーンが行なわれました。テーマはアフリカの貧困で、イギリスで開催されたG8（主要国首脳会議）に合わせて、ロンドン、パリ、東京をはじめとする世界の大都市で同時にコンサートが開催され、ロンドンのハイドパークのコンサートには30万人が集まりました。私はちょうどその時イギリスにいて、BBCが終日放映したコンサートを観ていました。途中、ステージに主宰者のボブ・ゲルドフが現われ、20年前のキャンペーンのポスター写真に使われた今にも死にそうな女の子が生きていて、今度農業大学に入ることになった、自分たちの活動は役立った！と叫び、その女の子の手を引いてマドンナがステージに現れて歌い始めるという感動的なシーンが展開されました。

　この時、私は違和感を覚えました。それは、20年経っても西洋が「救う側」であり、アフリカが「救われる側」であり続けていることに対してでした。この日ステージに登場したアフリカ人は、この女性と子供たちだけでしたから、アフリカは弱者で救いを待つ存在と描かれていました。主宰者たちは何度もアフリカを訪ね、途上国の債務問題なども取り上げられてはいたのですが、コンサートに集まった人々の大部分はそこまでの知識や関心はなく、アフリカを救いたいという「理解のない共感」に留まっていたのではないかと感じます。

　一方、共感のない理解とはどのようなものでしょう。たとえば植民地支配者

の理解です。植民地化に先立ち、支配する社会が調査されます。日本は、朝鮮や台湾で詳細な「旧慣調査」を行ないました。それは理解ではありますが、よりよく統治するための支配が目的であり、対象への共感は含まれていません。

　グローバル化時代に生きる私たちに必要なのは、空間的・社会的に遠く離れた他者や他所への共感を伴う理解です。それを獲得するのが本書の目的です。

2．グローバル化と地理的想像力

　グローバル化に伴って、私たちの地理的想像力は増しているのでしょうか。この問いを考える上では、「グローバル化」という言葉が何を意味しているか、その建前と本音を含め、考える必要があります。

　グローバル化とは、第1に、カネ、モノ、人、情報が国境を越えて移動することです。しかしその速度や障壁は一様ではありません。金や情報は、瞬時に移動しますが、人間はそうはいきません。国境の壁があるからです。移民や難民の移動は、主体よりも、受け入れ国の政策によって大きく制約されます。

　第2に、国境を越えた人々や組織の活動・思考・価値観が影響しあい、相互依存的になるという特質があります。たしかにインターネット、SNSなどのメディアの発達で、遠く離れた人や場所の情報は容易に得られます。一方、SNSなどを通じて私たちが情報を得たりつながったりするのは、基本的に自分が関心を持つ相手や対象だけです。つまり価値観を同じくする相手や対象にしか興味を持たない、いわば関心のタコつぼ化現象が起こります。

　第3に、人々の考え方・価値観・行動様式がコスモポリタン（世界市民）的になるという特質が挙げられることがあります。グローバル化により「グローバル・スタンダード」が構築され、それは経済だけでなく、国際協力や人権といった分野にも及んでいます。一方で、「国家」や「国民」の枠組みが揺らぐことは、多くの人にとって自らを守る寄る辺を失うことでもあり、それは不安を生みます。そこに帰属する者としない者という線引きが生まれ、国家の後ろ盾を持たない移民や難民がしばしば排除や迫害の対象となったりもします。

　グローバル化は本来、人や文化の交流・混淆を進めるものであるはずです。しかし、国家間や国内の階層間の格差が増大する中で、人々にむしろ内向きの

志向性を強め、他者や他所への積極的関心を持てなくしている気がします。

パリ同時多発テロ事件

　グローバル化と私たちの地理的想像力のありようを考える例として、テロリズムを例にしてみましょう。2015年11月13日に、パリで同時多発「テロ」事件が起こりました。死者130人、コンサートホール、レストランなど日常生活の場所での犯行で、全世界に瞬時に報道されたこともあって、大きなショックを与えました。これは「イスラム国」(IS) の影響を受けたテロリストの犯行ということになっています。しかしテロの犯人たちは、地元ヨーロッパ（ベルギーやフランス）で育った（英語で言えば homegrown、つまり自ら育てた）移民たちでした。

　当時フランスのオランド大統領は、「テロリストとの戦争状態」を宣言しました。思い出すのは、2001年9月11日の同時多発テロ事件の後、ブッシュ大統領が行なったテロとの戦争宣言です。アメリカ合衆国は、テロ事件の首謀者アルカイダのウサーマ・ビン・ラーディンをタリバン政権が匿ったという理由でアフガニスタンに侵攻、さらに大量破壊兵器を保有している (後に誤りと判明) という理由でイラクに侵攻し、フセイン政権を打倒しました。これはテロを撲滅することにつながったでしょうか。現実にはフセイン政権の打倒は、政権の中心にいたスンニ派の迫害につながり、それがイスラム国（IS）創生の背景となりました。むしろ新たなテロの拡散を招くことになったのです。

パリのテロ事件の社会背景

　パリのテロ事件の社会的背景となった、フランス国家のイスラム教徒（ムスリム）住民の存在とその社会的地位について考えてみましょう。

　フランスのムスリム人口は300〜500万人、フランスの「第二の宗教」と言われるまでになっています。フランスでムスリム人口が増加したのは、第二次世界大戦後の高度成長期の労働力不足によって、かつてフランスが植民地化した北アフリカのフランス語圏諸国（アルジェリア、チュニジア、モロッコ）から、たくさんの移民を受け入れたからでした。

　これらの移民は、低賃金労働者として働き、都市郊外の低家賃の高層集合住

宅（HLM：アッシュエルエム）に集住することになります。そしてこうした住宅地区やそこに住む人たちに対して、差別を含む眼差しが向けられます⁽¹⁾。

　1973 年のオイルショック以降、これらの移民に帰国が奨励されます。しかし、いったん帰ると再入国が困難になるので、祖国に残した家族の呼び寄せが起こり、逆に定住化が進行することになります。フランスが一時的な出稼ぎの場ではなく、子供世代を含め将来にわたって生活する場所となることで、より熱心な宗教実践が行なわれることになります。

　フランスには「ライシテ」と呼ばれる、政教分離原則があります。これはもともとカトリックによる政治への干渉を避けるためのもので、公共空間における宗教実践の禁止が謳われています。これを根拠に、2004 年に公立学校におけるスカーフ着用禁止が制定されました。しかしスカーフの着用が、公の場における宗教実践にあたるかどうかはフランスの中でも議論があります⁽²⁾。

　近年の移民排斥の潮流の中で、ムスリム住民の存在は「フランスをイスラム化する」ものとして、敵視されたり、排除されたりすることになります。差異の権利よりも「統合」（ムスリム住民にとっては「同化」）が重視されるフランスの政治・社会の現状は、ムスリム住民にとっては、自らが社会の底辺に置かれているという格差への不満と重なり合うことになります。

テロリズムとは何か

　テロリズムとは何でしょうか。辞書を引くと、「テロリスト」は「暴力主義、恐怖政治家」（『三省堂国語辞典』第 3 版、1990 年）で、「テロリズム」は、「①政治目的のために、暴力あるいはその脅威に訴える傾向、またその行為。暴力主義。②恐怖政治」（『広辞苑』第 6 版、2011 年）とあります。後者は、フランス革命後のジャコバン派による恐怖政治がその代表ですが、後に権力を握った者によってそのように称されることが重要です。

　国家による暴力の行使として、死刑と戦争があります。これらは「合法的」（戦争は、戦闘員の間で闘われる限り、いかに非人道的であっても）な暴力です。したがってイスラエルによるパレスチナ人地区への空爆は、イスラエルやユダヤ人に対する攻撃への報復という形を取る限り、ただちにテロとは呼ばれません。一方、パレスチナの人々は、圧倒的な力を持つイスラエル軍に対し、「イ

ンティファーダ」と呼ばれる抵抗運動を行なってきました。また自爆テロも頻発しています。これは（少なくともイスラエルにとって）「テロ」です。

　イスラエル軍による、パレスチナ人地区への侵攻では、多くの住民が殺害されています。2014 年の 7 〜 8 月には、イスラエルのガザ侵攻による空爆と地上戦で、パレスチナ人の死者は 2100 人（そのうち一般市民が 7 割）に上っています。これは国家による「テロ」とも呼べるでしょう。しかし重要なのは、「テロリスト」自身は、自らの行為を「テロ」とは呼ばないということです。

　このように考えてくると、「テロリズム」とは、国家に正面から対抗する術をもたない政治勢力・思想集団が非合法な暴力によって、支配的な国家による社会秩序を揺るがそうとする行為であって、それを「テロ」と呼ぶのは国家の側であるといえそうです。

パレスチナ問題

　ここで世界中のムスリムの西欧キリスト教世界への憤怒の源泉となっているともいえるパレスチナ問題について考えてみましょう。第二次世界大戦後のイスラエルの建国は、100 万人以上のパレスチナ難民を生むことになりました。1947 年に国連によるパレスチナ分割統治が提案されたのですが、民兵による住民虐殺が起こり、第一次中東戦争が勃発しました。これはイスラエルの勝利に終わり、パレスチナの人々は、自らの故郷を失うことになります[3]。

　パレスチナ暫定自治政府をみとめるオスロ合意（1993 〜 2000 年）など和平への動きもありましたが、決裂し、頻発する自爆テロ対策として、長大な分離壁が作られ、空間的にもユダヤ人社会とパレスチナ人社会の分断が進みます。

私が見たイスラエル

　私は一度だけイスラエルを訪ねました。2010 年テルアビブで国際地理学会が開催されたときでした。もともとエルサレムは、ユダヤ教、キリスト教、イスラム教の共通の聖地で、人々は歴史的に宗教を超えて共存してきました。金色に輝く「岩のドーム」と呼ばれるイスラムの聖なる寺院のすぐ下に、ユダヤ教の聖地である「嘆きの壁」があります（写真 1）。嘆きの壁は、パレスチナ人地区の中に位置していますが、ユダヤ教徒にとっての聖地です。エルサレム

写真1　嘆きの壁と岩のドーム　　　　写真2　分離壁（エルサレム、2010年）
（エルサレム、2010年）

の旧市街はパレスチナ人地区ですが、ユダヤ教徒の服装も見られ、ユダヤ教徒とイスラム教徒は、もともと共存してきたことが伺えます。

　しかし2000年以降、パレスチナ人による自爆テロを防ぐため、10m以上もある分離壁（写真2）が、ユダヤ人の住む西エルサレムと、パレスチナ人の住む東エルサレムを隔てることになりました。パレスチナ人が、西エルサレム側にある学校や病院などを訪れるには、すぐ目の前であっても、検問所で厳しいチェックを受けなければなりません。ユダヤ人地区の西エルサレムの市街は美しく整えられています。ところが分離壁を越えてパレスチナ人地区に行くと、道路も建物も未整備で、途上国のような風景が広がっています。一つの都市の中に、いわば先進国と途上国が同居しているのです。

　パレスチナ問題を研究している今野泰三さん（現中京大）の導きで訪ねたパレスチナ人地区のアルクッズ大学で、レクチャーを受けた後、一人の先生が車でヨルダン川西岸地区を案内してくれました。ここはパレスチナ人の空間のはずですが、丘の上にはユダヤ人の入植者の住宅地があり、こうしたユダヤ人入植地がどんどん増えて、パレスチナ人地区を蝕んでいます。

　難民キャンプは、人々がもう何十年も住み着いている街になっていました。街の壁には、インティファーダでイスラエル軍に殺された人のポスターが貼られています。私たちは飛び込みで入った雑貨屋のご主人に話を聞きました。インティファーダで殺された息子さんの写真を背に、憤りを込めて語るご主人の姿に、肉親を殺された恨みを抱えながら、何重もの意味で閉塞した場所で生きていかざるを得ないパレスチナの人々のやり場のない怒りを感じました。

その後、国際地理学会の研究グループの会合と巡検が、エルサレム郊外のアインカレムという古い町で開催されました。欧米からの参加者とともにその街を歩いているうちに、そこがもともとパレスチナ人の街だったことがわかりました。巡検を終えた後、私は案内者に個人的に「パレスチナの人々の街であったところに住んでいるのはどんな気持ちですか」と尋ねてしまいました。それは不躾な、イスラエル国家の存立を否定するような問いで、当然答えは返ってきませんでした。イスラエルという国が、支配する側にとっても、抑圧と表裏の恐怖の上に作られていることを、思い知らされた気がしたのです(4)。

テロリストへの共感

　　　　われは知る、テロリストのかなしき心を

　　　　言葉とおこなひとを分ちがたき　ただひとつの心を、

　　　　奪はれたる言葉のかはりに　おこなひをもて語らんとする心を、

　　　　われとわがからだを敵に擲げつくる心を

　　　　しかして、そは真面目にして熱心なる人の常に有つかなしみなり

　　　　はてしなき議論の後の　冷めたるココアのひと匙を啜りて、

　　　　そのうすにがき舌触りに

　　　　われは知る、　テロリストの　かなしき、かなしき心を。

　これは、高校生くらいの時に出会った石川啄木の「ココアのひと匙」という詩です。私はこの時初めて「テロリスト」という言葉に触れたと思います。この詩は、幸徳秋水が天皇暗殺を企てたという無実の罪を着せられ、死刑になった大逆事件の翌年（1911年）に書かれたものです。石川啄木は、生涯貧しさから抜け出せず、当時の社会を批判的にみていました。この詩で彼は、明らかに「テロリスト」とされた人たちへの、共感を語っていると思います。

不可視の不正義を見ること

　テロリズムの背景に、私たちが不可視化している（見よう／知ろうとしない）不正義・不公正が隠されているのではないかと考えてみることは大切です。パレスチナ問題は、こうした不正義・不公正の一つです。私たちに求められるのは、自分の身の回りの関心に閉じ、他者を固定観念で捉え、排除するのではなく、

グローバル化の中で生まれる様々な格差や差別の構造的背景に関心を持ち、共感だけではなく理解しようとすることでしょう。「世界がぜんたい幸福にならないうちは個人の幸福はあり得ない」というのは宮沢賢治の言葉です[5]。私もその通りだと思います。

3. 旅と地理的想像力

　地理的想像力を高め、共感的な理解を得るにはどうすればよいでしょうか。いきなり海外でフィールドワークというのは、ハードルが高いでしょう。でも身近な場所でも、訪ねてみれば、いろいろな課題に出会うことができます。

　豊島区の大山に APFS（Asian People's Friendship Society: APFS）という NGO があります[6]。非正規滞在（いわゆる不法滞在）外国人の支援をする団体です。「不法滞在」というと犯罪のイメージがあるかもしれませんが、そうなった経緯は様々で、必ずしも本人だけに責任を負わせることはできません。長年日本社会で穏やかに暮らし、仕事を得て社会生活を送っていても、非正規滞在ということで様々な差別を受けたり、入国管理局の取り締まりで強制収容・送還されてしまう恐れを感じています。日本で生まれた非正規滞在者の子供たちは、日本語が母語で、日本人になりたいと願っています[7]。

インドシナ難民とあかつきの村

　日本は難民を受け入れない国として知られています。しかしベトナム戦争の後、1981 年に日本は難民条約に加盟し、国際的な協調の下に、インドシナ難民を受け入れてきました。そうした人たちを世話した施設の一つが、カトリックの神父さんが創った群馬県前橋市のあかつきの村です[8]。ボートピープルと呼ばれ、海を渡ってきた人たちは、途中で遭難することも多く、苛酷な体験のために精神の異常をきたしてしまった人もいます。このあかつきの村では、そうした障害を持つ人たちを今も世話し続けています。

　ボートピープルとしてやってきて、今はあかつきの村の職員として働いている男性に話を聞いたことがあります。彼は脱出した時、12 日間何も食べずに漂流した後、奇跡的にイタリアのタンカーに助けられました。今は苦労して日

本国籍を取り、あかつきの村で入所者の世話をしたり、伊勢崎市役所で外国人住民の意見交換の場に参加したりしています。将来はベトナムに帰って、日本で学んだことを若い世代に伝えたいと言います[9]。

　故郷を失った難民の人々の苦痛を十分に理解することは困難です。しかしいろいろな形で近づき、対話して、想像することはできるはずです。

他者と空間・場所

　私たちは、自分自身を知るために、他者を必要としています。他者との比較や相互作用の上に、はじめて自分を知ることができます。私たちは、他者なしに何かに「なる」ことはできないのです。そして、他者との相互作用のためには空間を共にする「場所」が必要です[10]。

　私たちが旅に出たいと思うのは、日常とは異なる空間に身を置いて、ふだん出会えない多様な存在（人でも風景でも食べ物でも）に出会いたいからです。旅とフィールドワークは連続しています。旅をフィールドワークに近づける有効な方法は、信頼できる地元の人を見つけて案内してもらうことです。自分の目では見えないことや感じられないことをきっと教えてもらえるでしょう。

　コロナ禍でフィールドワークがままならない今、まずできることは、他者との出会いから地理的想像力を生み出していく実践を、追体験することです。本書がそうした皆さんへの案内人としても役立つことを願っています。

☞ **本章の問い**：あなたが近年の世界で一番心を揺さぶられた出来事は何でしょう？　それは共感を伴う理解のきっかけになったでしょうか？

第2章　人文地理学と場所論の系譜

1．人文地理学の系譜

地理的知の系譜

　前章で述べた通り、地理的知識というのは、いかなる時代・社会においても肝要なものでした。世界の様々な文化の宇宙論・世界観（cosmology）は、地理思想の対象です。大航海時代というのは、（西欧にとっての）地理的発見の時代であり、その後期の代表が、イギリス海軍の命を受けて大英帝国の範土を拡大しようとしたジェームズ・クックです。しかし、それ以前にポリネシアの人々は、星や風や鳥の動きを見、海をめぐる知識を駆使して、大型カヌーを用いた太平洋の遠距離航海を実現していました（4章参照）。現代の私たちの世界でも、山立てや潮見といった在地の地理的知がありますし、中国・韓国・沖縄に広く浸透している「風水」思想は、東洋の地理思想と言えるでしょう[1]。

学問としての地理学の興隆

　学問としての地理学が生まれるのは、19世紀以降のことです。ドイツ人のフンボルト（Humboldt, Alexander von：1769-1859）は、その始祖の一人です。彼はむしろ博物学者といった方がよいかもしれません。彼は南アメリカを5年間探検して、当時の西洋人が足を踏み入れたことのない奥地の熱帯林や高山を踏破し、『新大陸赤道地方紀行』（1805‐34）を著します[2]。科学者であり、自然愛好家でもあるフンボルトの記述は、今読んでも魅力的です[3]。

　その後、リッター、ラッツェルなど、ドイツを中心に地理学が発展します。ラッツェル（Ratzel, Friedrich：1844-1904）は、人間（社会集団）と環境の関係を考察し、大陸性や島嶼性、空間の持つ役割を強調して、環境（決定）論（environmental determinism）と呼ばれる考え方を示します[4]。また民族・政治地理学の始祖と

して国家有機体説を唱え、「生存圏」などの観念を提起し、後の地政学にも影響を与えました。

　フランスのヴィダル・ド・ラ・ブラーシュ（Vidal de la Blache, Paul : 1843-1918）も人間—環境関係を考えた人です。彼はフランス各地を回って、土地・人間・人間の歴史の間の緊密な関係を考察し、人類によって改変された土地の姿として、「地的統一」「生活様式」などの観念を提唱しました[5]。彼の研究は地誌 / 地域地理学に大きな役割を果たし、フランス学派を構築しました[6]。彼の議論は、環境の制約の中で人間活動の多様性を主張する（環境）可能論（possibilism）と呼ばれます[7]。

環境決定論

　環境決定論が当時の地理学者に魅力的だったのは、人間—環境関係を考える学問として自らを発展させようとした地理学にとって、自ら学問の統一性と有効性を主張しやすいからです[8]。センプル（Semple, Ellen Churchill : 1863-1932）はアメリカの女性地理学者ですが、ラッツェルの下で学び、環境論を広めました[9]。同じくアメリカのハンチントン（Huntington, Ellsworth : 1876-1947）は、『気候と文明』という本を書き、人間の知的活動は温帯地域で最も活性化されるので、文明にふさわしい環境だと主張しています[10]。

　私たちの思考の中に環境決定論的発想は根強く存在しています。熱帯地方の人々は自然に恵まれていて、あくせく働く必要がないので、怠惰で、経済発展が遅れるといった思考です。13 章で取り上げる和辻哲郎の『風土』も、環境決定論的色彩を帯びています。しかし古代文明の多くは熱帯地域に起こりましたし、熱帯の国々の開発が遅れた背景には西欧諸国による植民地化の歴史とのかかわりを忘れるわけにはいきません。

2．地政学と日本

西欧の地政学

　「地政学」という言葉を聞いたことがあるでしょうか。地政学（geopolitics）は、もともと地理学者が提起しましたが、現代世界ではむしろ政治学・国際関

係論の領域で注目されています[11]。古典的地政学は、国際関係がいかに大洋、大陸、自然資源、軍事組織、政治システムの空間的配置と関連しているかを論じるものでした。その始祖とされるのが、イギリスの地理学者のマッキンダー（Mackinder, Halford：1861-1947）です。イギリス地理学の創始者でもあるマッキンダーは、ユーラシア大陸中心部を「ハートランド」と呼び、その地政学的な重要性を説きました[12]。

　ハウスホーファー（Haushofer, Karl：1869-1946）はドイツの軍人で、日本にも滞在経験があります。『太平洋地政学』という本を書いて日本についても論じ、戦前に翻訳されています[13]。ドイツの「生活圏」（生存圏）を主張し、ナチスドイツの思想にも影響を与えた人ですが、戦後ナチスへの関与を追及され、自殺しています。

日本の地政学

　戦前の日本の海外への地政学的展開には、2つの方向性がありました。一つは「北進論」で、朝鮮半島、中国という大陸への進出をめざすものです。これは日中戦争、「満州国」建国へとつながっていきます。もう一つが「南進論」で、当時「南洋」と呼ばれた東南アジア・オセアニア方面への進出をめざすものです。「南洋」というのは、もともと日本から見て南の、海とかかわりの深い地域を指す漠然とした概念です。資源の豊富なこの地域への関心は移民に始まり、次第に日本企業による経済進出へと展開していきます。第一次世界大戦を機に、日本はドイツが領有していたミクロネシアの島々を占領し、「委任統治領南洋群島」として統治します。この地域は「内南洋」と呼ばれ、さらに南方に日本が進出していく拠点となっていきます。

　こうした日本の南洋への指向性を作った書の一つが、志賀重昂の『南洋時事』（丸善商社、1887）です。志賀は在野の地理学者で、後に政治運動にも関わります。志賀が海軍の船に乗ってオセアニアを回った経験に基づいて書かれた、紀行文と統計資料を含む地誌書が混ざり合ったような不思議な本です[14]。

　この『南洋時事』の中に、志賀がニュージーランドで、先住民であるマオリの酋長の家を訪ねて対話する場面が出てきます[15]。酋長は、自分たちはイギリスと何度も戦ったが敗れて今のような惨めな境遇になったと語ります。志賀

は、白人支配の下にあるマオリの人々に対し、自らも植民地化される可能性を
もった側としての共感を寄せていることがうかがえます。

　日本で地政学を唱えた地理学者としては、小牧實繁、飯本信之、佐藤　弘な
どがいます[16]。飯本信之と佐藤　弘が共同で編集した『南洋地理体系』とい
う本は全8巻もありますが、太平洋戦争が始まった翌年の1942年に、ダイヤ
モンド社から刊行され、ほぼ1年で完結しています[17]。東南アジア・オセア
ニアが、日本人から最も関心を集めた時代だったといえるかもしれません。

　『南洋地理体系』は、そこに添えられた南洋全図に詳細に各地の物産が書き
込まれていることに象徴されるように、日本にとっての資源供給地としての南
洋の再発見が企図されており、他者理解というよりは、大東亜共栄圏という自
己の領域の確認をめざしたものと言えます。この『南洋地理体系』の第1巻『南
洋総論』の冒頭では、飯本信之が南洋を「濠亜地中海」と規定し、その地政学
的意義を論じています。飯本は、南洋の多くが熱帯であるが、白人よりむしろ
日本人に適応可能であること、この地域には多様な人種・民族がいるが「最も
文化の低級なものは首狩りなどの行はれるニューギニヤと濠州北邊とで」あり、
「彼等は人的資源として利用する迄には餘程の教育を必要とする」と書いてい
ます[18]。こうした記述は、いわば上からの支配者のまなざしであり、志賀が
持っていた「共感」を欠いた理解に陥ってしまっていると感じます。その背景
には、日本の国力が増して植民地支配を行なう強者になったこと、飯本らの書
が現地でのフィールドワークを欠いていることが作用していると思います。

3．現代地理学の新たな展開

　欧米の地理学に話を戻します。古典地理学から近代地理学に移行する20世
紀前半の時期には、2つの方向性がありました。一つは、地理学の固有性は対
象の独自性（環境—人間関係）にあるのではなく、地域的差異を記述するとい
う方法にあるという主張です。それはいわば個性記述的な学問として、地理学
を特徴づける立場です。これに対し、近代社会科学が確立されていく中で、地
理学を仮説やモデルに基づいてそれを検証する「法則定立的な」学問にしてい
こうという動きが生まれ、第二次世界大戦後の地理学では、それが次第に力を

得ていきます。

　1950 年代から 70 年代くらいまでは、こうした「新しい地理学」が主流となり、計量的手法や、実証主義に基づく地理学の隆盛をみました。一方、こうした定量化・モデルに基づく抽象的な空間理論は、しばしば具体的な地域や人々の生活、社会の関心から遊離する結果になりました。これに対するオルタナティヴな地理学として、1960 年代の末から 2 つの潮流が生まれます。

ラディカル地理学

　一つは、ラディカル地理学（radical geography）です。これはマルクス主義の影響も強く受けながら、現代資本主義社会において空間が作り出す不平等・不公正の構造に焦点を当てた地理学をめざす動きです。その代表が、ハーヴェイ（Harvey, David）です。ハーヴェイは、経済地理学者として、精力的に多数の書を執筆し、翻訳も数多くあります[19]。地理学の分野を越えて大きな影響力を持っている人です。

　地理学の中でこうした議論が高まってきた背景には、1960 年代のアメリカにおける社会運動の高揚（1950 年代半ばからの公民権運動、1960 年代半ばからのベトナム反戦運動）や、1960 年代末の世界的な大学紛争・闘争などが影響しています。こうした社会の動きが、それまでの定量化やモデルに基づく「新しい地理学」が依拠してきた実証的・価値中立的な学問研究という「神話」を揺るがすことになりました。

人間主義地理学

　もう一つは「人間主義地理学」（humanistic geography）です（「人文主義地理学」とも呼ばれます）。人間主義地理学は、人間による空間の経験や意味づけを重視し、日常の生活世界における意識や実践、身体などに注目します。現象学と呼ばれる哲学の影響を受けています。

　その代表が、イー・フー・トゥアン（Tuan, Yi Fu）です。彼は、中国の天津に生まれ、少年時代から青年時代に、対日戦争による移住や、父の海外勤務による移住などを経験しています[20]。彼の「場所」へのこだわりは、移住を繰り返したことによるのかもしれません。トゥアンはもともと地形学者・自然地

16

理学者だったのですが、ある時調査で眺めた朝日に照らされるデス・ヴァレーの岩山を観て啓示を受けたといいます。人間が特定の場所に強い執着を覚えることを、「トポフィリア」と名付け、世界の様々な文化がどのように場所に執着しているかを論じました⁽²¹⁾。日本語で読める本もたくさんあるので、機会があれば手に取ってみることをお勧めします⁽²²⁾。

フェミニスト地理学

　人文地理学の近年の潮流の中で、もうひとつ忘れてはならないのは、フェミニスト地理学（feminist geography）です。欧米のフェミニズムの影響を受け、1970年代半ばから盛んになった、地理学の新しい流れです。それまでの地理学がもっぱら男性中心的で、白人の健常男性が作り出す公的空間にしか焦点を当ててこなかったことが問題意識の根底にあります。近代では職住分離が進み、公的空間（職場）と私的空間（家）が切り離されます。前者はもっぱら男性の空間、後者は女性の空間で、前者に高い価値が置かれます。公的空間 ── 職場であれ街の広場であれ ── は、しばしば、女性にとってアウェイな空間です。男の視線にさらされたり、夜道で恐怖を覚えたり、育児による制約で移動が制限されたり…という経験は女性なら誰にもあることでしょう。こうした視点は、これまで地理学の中では、きちんと論じられてきませんでした⁽²³⁾。

　前述の人間主義地理学が場所や身体などに注目したことは、フェミニスト地理学と親和性があるように思われます。しかし、フェミニスト地理学者のローズ（Rose, Gillian）は、人間主義地理学の場所観を批判します。それは、男性中心的で、ロマン化・母性化・他者化された女性像によっているからです。男性にとって癒しの場所である家やホームは、女性にとって無償の家事労働を強いられる、抑圧の場所かもしれません。場所は客観的・合理的な知（すなわち男性の所有物）では理解できない「他者」として、神秘化され、女性化されているとローズは主張し、それを「審美的男性中心主義」と批判しています⁽²⁴⁾。

4．グローバル化と場所

　グローバル化にともなう交通手段の進歩や技術革新は、距離の障壁を低いも

のにします。言い換えれば、（時）空間の圧縮と均質化が起こります。一方で私たちの日常世界では、固有の場所の価値が増大しています。それは矛盾のような気がしますが、なぜでしょう。

　その背景には次のような要素があると思います。①流動する世界の中で、私たちが、不安を乗り越えるような、安定した拠り所を求めていること、②分断され、個人化する社会の中で、共同性とその基盤となる空間が求められていること、③国境を越えた市場経済化とグローバル資本主義の中で、地域社会・経済が危機に瀕していること、④大量生産・大量消費に基づく近代（モダン）経済から、ポストモダン（多品種少量生産・選別された消費）へと移行する中で、場所と結びついた商品の差異化（産地商標や生産者の顔が見える商品など）が付加価値を持つようになったこと、⑤消費が実現される空間をより魅力的にし、顧客を集めるための居心地のよい「場所」づくり（ショッピングモールなど）が追求されていること、などです[25]。

　グローバル化は、人々に、自らの生活空間と意思決定の力を越えたところで物事が決まってしまう、という思いを抱かせます。それに対する苛立ちや不安はしばしば、自らの場所を安定的で同質的なものとして再構築するために「他者」を排除する実践を生み出します。「場所」を考えることは、現代のグローバル化する社会の課題を考えることと深く結びついているのです。

レルフの場所論

　人間主義地理学者のレルフ（Relph, Edward）は、場所のアイデンティティや、場所に根ざすことは、人間にとって本質的に重要だと述べます[26]。人間であるとは、意味のある場所に満ちた世界で暮らすことです[27]。本物の場所のセンスとは、個人および共同社会の一員として内側にいて自分自身の場所に所属すること、そのことを自然に知っているという感覚です[28]。

　しかし現代世界は「没場所的」になっています。「没場所性」（placeless-ness）とは、場所がみな似通ったものとなり、場所の経験とそれによるアイデンティティが弱められてしまうことを意味します[29]。現代資本主義世界では、本物ではない場所が増えていき（「ディズニー化」「博物館化」「キッチュ」…）、私たちはそれを喜んで消費します。

　グローバル化という言葉がまだ流通していなかった時代のレルフの議論には、内側性と外側性、本物性（真正性）対偽物性といった二元論が目につき、場所を変わらぬものとして規定する本質主義的態度が支配的です。もしその場所に強い帰属意識をもつ内部者だけが場所のアイデンティティを持ちうる とすれば、そこから「他者」（たとえば移民）は排除されてしまうことになります。場所の本物性を保証するのが、大量生産・消費主義によらない暮らしだとすれば、そのような日常生活が可能なのは裕福で特権的な階層だけかもしれません。こうした限界はあるものの、レルフが提起した「場所」とその危機というテーマは、現代においても重要性を失っていません。

リッツアとオジェの場所論

　レルフの論に示唆を受け、グローバル化批判の図式を提示するのが、社会学者のリッツア（Ritzer, George）です。リッツアは、国家や企業や組織によって推進される「グロースバル化」（原語は grobalization：growth と globalization を合成したリッツアの造語）と、「グローカル化」（グローバルとローカルの統合）を対置し、「存在」（something）と「無」（nothing）、「場所」（place）と「非 - 場所」（non-place）という対立軸を設定します[30]。「無」とは、ファストフードレストランやショッピングモールのように、中央で構想され、管理される社会形態のことです。これに対し「存在」とは、ローカルな工芸品のように、現地で構想され、管理される社会形態です。「グロースバル化」は「無」を生産する志向性があり、「存在」はもっぱら「グローカル化」によって生み出されます。ビックマックやディズニーのキャラクター商品のような「非 - モノ」（大量生産される企画商品）は、「非 - 場所」で、「非 - ヒト」（マニュアル化され、他人と人間的な交流をもたない個人）が提供する「非 - サービス」（画一化され、自動化されたサービス）を通じて提供される傾向をもちます。

　リッツアは、こうした「グロースバル化」の侵食に抵抗するような、地元と結びついた、人間関係が豊かで、人々にアイデンティティの源となるような真正場所の創出を提言しています[31]。

　レルフとともに、リッツアの議論に大きな影響を与えたのが、「非 - 場所」の観念を提示した、フランスの人類学者オジェ（Auge, Marc）です。オジェは、

「場所」を、「関係的で、歴史的で、アイデンティティに関わる」ものとし、そのようなものを持たない空間を「非 - 場所」（non-place）と定義しています[32]。超近代性（supermodernity）を具現化した「非 - 場所」の典型として、旅行者が体験する空間があります。空港でチェックインし、搭乗券を渡され、免税店を覗き、機内でくつろぐ時、旅行者は様々なしがらみや関係性から束の間解放されています。他者と同じコードに従い、同じメッセージを受け取り、同じ要請に応えます。「非 - 場所」空間は、単一のアイデンティティや関係性を生み出しません。そこには孤独と外見だけが存在するのです[33]。

　超近代の「非 - 場所」と対照されるのが、人類学者が研究対象としてきた「人類学的場所」です。それは、具体的で象徴的に構築された空間であり、そこに属する人々に、自らの確固とした位置を与えます。オジェは、レルフやリッツァとは異なり、人類学的場所をノスタルジックには描いてはいません。私たちが超近代の「非 - 場所」に魅力を感じることも指摘していて、共同性を欠いた個人の「非 - 場所」への移行を必然とし、冷めた目で見ています[34]。

エスコバルの場所論

　移動や非 - 場所が支配的な「北」の都市的世界とは対極にあるのが、「南」のローカルな世界で、グローバリズムに抵抗する「場所」を構築しようとする実践です。次章でも取り上げるポスト開発論者の人類学者エスコバル（Escobar, Arturo）は、コロンビアの太平洋岸における「黒人」（アフリカ系住民）と先住民たちの抵抗運動を、場所・地域・領域をキーワードに描き出しています[35]。

　太平洋岸地域では、鉱山労働奴隷としてアフリカから連れて来られた「黒人」が、解放後、集落を築き、先住民の農耕を学び通婚して暮らしてきました。白人の世界であるアンデス高地とは対照的に、この低地は、遅れた「黒人」にふさわしい地域とみなされてきました。その未開の地に、開発プロジェクトと資本が侵入し、「伝統的」な生活の基盤を奪われる危機にさらされた人々が、NGO などと連携して抵抗運動の基盤としたのが、自らの場所・地域の生態系と、それと結びつく知です。もともと奴隷としてやってきた「黒人」は、もちろんこの地域の土着の人々（ネイティブ）ではありません。しかし、グローバル化と大資本による暴力的な開発の進行の中で危機にさらされる自己の居住域

を、生態系と結びついた固有の領域＝「場所」として再主張することによって、
抵抗の基盤を作り出そうとしているのです。

ハーヴェイの場所論

　ラディカル地理学による人間主義的「場所」論批判の一つが、ハーヴェイの
議論です。ハーヴェイは、ポストモダンの本質を、ポストフォーディズム（フ
レキシブルな蓄積体制）への移行と、資本にとっての回転時間の加速化、情報
通信技術の発展にともなう、グローバル資本主義による「時間－空間の圧縮」
（time-space compression）の中に見出しています。グローバル資本主義の特徴
である生産過程の細分化と情報・通信・運輸技術の発展は、空間的障壁を減じ
る効果をもちます。しかし一方で、空間（場所）の重要性が増すという逆説が
生じています。それは、空間内における場所の多様性に資本はますます敏感に
なり、資本を引き付けようと場所はますます自らを差異化しようとするからで
す[36]。

　こうした資本の動きの対極に、移りゆく世界の中でゆるぎない拠り所を求め
て場所と結びついたアイデンティティに執着する人々の対抗運動が存在します。
しかし、ハーヴェイは、「場所」が社会的に構築されたものであり、空間の生
産をめぐって資本や権力、階級を異にする住民の間に対立と競争が存在する中
で、場所を守ることがしばしば強者の価値観に基づくものとなり、弱者が排除
され、社会の分断を推し進めるものとなってしまうことを懸念します。

　一方ハーヴェイは、近著では、対抗運動としての「都市への権利」を提示し、
都市コモンズを市民の手に取り返す（都市を「コモン化」する）、商品化に対
抗する空間を作り出す実践も唱道しています[37]。

マッシーの場所論

　フェミニスト社会経済地理学者のマッシー（Massey, Doreen）は、ハーヴェ
イの懸念は共有しつつも、閉鎖性や反動に陥らない、グローバルな場所感覚の
構築を模索します[38]。マッシーが提示するのは、場所のオルタナティヴな解
釈です。場所の固有性は、多様な社会関係や社会過程、経験と理解が、ある地
点にともに現前して、相互作用し、紡ぎ合わされることによってつくられます。

そうした関係や経験や理解の大半は、その場所を越えたスケールでつくられた
ものです。つまり、場所意識は閉じられたものではなく、より大きな世界とつ
ながっています。

　マッシーは進歩的な場所観念として、次の 4 つを挙げます。第 1 に、場所は
静態的なものではなく、プロセスである。第 2 に、場所は閉じた領域を持たない。
第 3 に、場所は単一で固有のアイデンティティを持たない。第 4 に、これらは、
場所の重要性や固有性を否定するものではなく、グローバル化の中で、より大
きな、またよりローカルな社会関係が混ざり合う焦点として、それぞれの場所
は特有なものであり続ける、ということです[(39)]。

　マッシーは「場所」の特徴を、〈ともに投げ込まれていること〉（throwntogetherness）
に求めます。それは異なる歴史と地理を背景に持つ様々な主体が、ひとつの〈こ
こ - と - 今〉を交渉するという難題です。その交渉には、人間（human）だけ
でなく人間以外（non-human）の事物や物質性もかかわります[(40)]。マッシーに
とって、空間とは常に構成の過程にあるものです。プロセスの中にあり、けっ
して閉じることのないシステムとして空間を想像することが、相互作用に基づ
く開かれた社会の可能性と結びつきます[(41)]。そこで重要になるのは、私たち
の「応答責任」（responsibility）です。それは、他者に時間、声を与え、耳を傾
けることを意味します。場所における〈共 - 現存〉の承認は、「応答責任」であり、
それはローカルにもグローバルにも同様に存在するのです[(42)]。

5．場所・地域・風土

「場所」とは何か

　最後にもう一度、「場所」とは何かを考えてみましょう。これまで見てきた
ように「場所」論には、少なくとも 3 つの視点があるといえます。第 1 に、人
間主義地理学者たちが提起したような、親密な空間、安定性・固有性を備えた
ものとしての「場所」です。第 2 に、それを批判するハーヴェイらの議論にみ
るような、（資本が作りだす）建造環境とそこに構築される（商品化された）「場
所」への批判的な視点です。そして第 3 に、エスコバルが述べるような、権力・
資本による支配的な空間の生産に対抗する拠点としての「場所」があります。

　これらは相互に排他的なものではありません。グローバル化と新自由主義的な潮流の中では、自らが依拠する親密な空間（場所）が変容する中で、その不変性を希求しようとする（ローカルな）人々の心情や態度と、逆にもはや自らの親密な空間（場所）を失い、新たな生活機会と場所を求めて移動する人々（移民や難民）の心情と態度が共在します。そこに共有されているのは（自己にせよ他者にせよ）移動が場所をつくり、意識させることです。移動を通じて場所をつくりなおし意識することが常態であるならば、固有の場所へのこだわりは特権であると同時に、ファンタジーでもあるのだと思います。

　前述のマッシーの議論もふまえ、私は次のようなものとして場所を定義しようと思います。すなわち「場所」（place）とは、「空間的な近さによって生まれる人と人、人と事物、事物と事物の関係性の束」です。また同時に、「上記の原理によって作り出された実体としての空間」でもあります。場所はもっぱらミクロレベルで捉えられるものであり、プロセスと考えます[43]。場所は人々のまなざしの対象となり、アイデンティティの基盤ともなりますが、固定的な領域性は持ちません。関係性としての場所とは、私たちの日常実践が展開される空間であり、その実践を規定し、またその実践によってつくられなおすところでもあります[44]。

「場所」と「地域」

　地理学者は「地域」（region、area）を研究の対象としてきました。しかし、地域をいかに研究するかは語られても、「地域」とは何かという探究は十分になされてこなかったように思います[45]。

　「場所」と「地域」の概念化について、優れた見解を提示しているのがフィンランドの地理学者パーシ（Paasi, Anssi）です[46]。彼は、「場所」を、個人がその人生史の中で、異なる立地や景観から獲得した、個人的な経験や意味の集積の記録（cumulative archive）と捉えます。これに対し、人および集団は、様々な制度的な実践（政治、文化、経済、行政）を通じて、地域という領域単位をつくり出し、再生産していきます[47]。パーシは、地域のアイデンティティが領域化や制度化と不可分であることを指摘しています[48]。場所は個人の経験に根ざすものですが、地域はその単なる集合体ではなく、そこに制度的な実践

が介在するというのがパーシの主張です。

　上述のように私は、場所とは、空間的近接性を契機とする、人と人、人と事物、事物と事物の間のミクロレベルの関係性であり、常に生成するものと捉えています。したがって、場所は固定的な領域を前提としません。これに対して、地域は、マクロレベルの空間であり、外在的に捉えられ、実体化される存在です。そこにはパーシが言うように、領域性（地域区分や境界）が問題となります。

　本書では、「地域」を、「場所的関係性を基盤とする空間であり、地球大より小さく、世帯より大きい空間スケールにおいて、ある基準によって切り取られた範域であり、領域性をもつ」ものと定義しておきます[49]。ある基準の中には、行政的な区分も、統計的な数値も、言語や文化・住民のアイデンティティなども含まれます。「場所」が必ずしも固定的な領域を持たない（存在の要件としない）のに対し、「地域」は領域（制度的なものであれ、研究者の操作上のものであれ）の画定を必要とします。そこには制度が大きな役割を果たします。

　マッシーが言うように、閉曲線で地域を囲むとき、常に内部と外部の対立、あるいは排除の問題が生じます。これは地域社会であれ、国家であれ、同様です。しかし違いもあります。人は複数の地域に対して同時に帰属意識やアイデンティティを持てますが、国家は、その成員と領域に単一の帰属を要求するからです。この点で、国家はいわば特殊な地域であるということができます。

「場所」と「風土」

　場所をミクロレベルの関係性で、一時的に生成するものと捉える時、それは、場所をそこに関わる人々の固有のアイデンティティの基盤と捉えたり、固定的・安定的なものと捉える見方とは対立することになります。しかし一方で、場所的関係性に基づきながら、歴史的に構築される、人々の価値観や志向性の存在も視野に入れる必要があると思います。

　私は、それを「風土」という概念で捉えたいと思います。「風土」は、場所的な関係性を基盤とした一つの志向性です。「風土」については、13 章で詳述するように、和辻哲郎の議論があり、それを精緻化したフランスの日本研究者で文化地理学者のオギュスタン・ベルクの議論があります。

　私は「風土」を、「場所に根ざした、自然と文化、個人と社会、精神と身

体、人間と非人間（環境・事物）との間の、称揚される関係性」と捉えます⁽⁵⁰⁾。風土は場所や、身体・感情をともなう実践と分かちがたく結びついています。しかし、場所がミクロレベルの関係性であったのとは異なり、人々の間に構築され、共有されるマクロレベルの志向性です。したがって風土は、歴史的に構築されたものであり、変わりうるものですが、また変わりにくいものでもあります。またしばしば、その内部の人々の志向性に反して、外部の力によって変わることを余儀なくされることもあります。

　場所を風土の視点から考えることは、前述した場所の（一見すると矛盾する）3つの特性 —— ①安定性としての場所、②資本や権力によって構築された場所、③抵抗の拠点としての場所 —— を統合する意味ももつと思います。風土はその場所に生きる人々に共有される志向性であり、簡単には変わりませんが、時には外部の力によって変わることを余儀なくもされます。そしてまた、それに対する抵抗の心情の源泉ともなりうるからです。

☞ **本章の問い**：①あなたの「居場所」はどこですか？　具体的に記述してください。②グローバル化の中で「場所」の重要性が増しているとすれば、なぜでしょうか？　あなたの身近な体験から考察してください。

第3章 「開発」とは何か

1.「開発」とは何か

「開発」の概念

　この章で考えたいのは、「開発」とは何か、そして「開発」が必要だとすれば、誰にとって、何のために必要なのか、という問いです。

　日本語の「開発」と「発展」は、ともに英語の development の訳語として用いられますが、両者のニュアンスはちょっと異なります。それは、発展（する）が自動詞なのに対し、開発（する）が他動詞であることによります。そこから、発展が内生的で、開発は外部の主体が行なう他律的な実践というイメージが生まれてきます。本書では主体と対象を明らかにし、その是非を吟味するためにも、あえて「開発」という語を使うことにします。

　英語の develop は、de ＋ velop（包む）ですから、包み隠されていたものを、外に現わすことです。そこから潜在能力の発現としての人間の「発達」や、眠っていた資源の「開発」という意味が生まれてくることになります。

　私は「開発」を、次の4つの意味合いを含むものと捉えています[1]。すなわち、①国家や国際機関などが行なう開発政策・開発計画に根ざす実践：これは開発的介入（development intervention）と言えます。②近代化（modernization）あるいは西洋化（westernization）の観念：これは植民地化の歴史の中で、宗主国の側にも支配される側にも強く植え付けられます。③資源の（市場原理／価値に基づく）より効率的な利用という観念：これは資本主義的経済発展の中で、より強く意識されるようになります。そして、④人々による、よりよい生の実現のための実践：これは人間がずっと追求してきた普遍的なもので、本来の意味の開発（隠れた可能性を実現する）に近いと言えます。

　これまでの国際開発や地域開発の実践は、すでに「開発」された（発展した）

地域をモデルに、「低開発」地域を構築・画定し、②・③の「開発」観に基づきながら行なわれてきました。その結果、しばしばその開発は持続的なものにならず、より良き生の実現としての開発からも離れてしまうという問題を抱えてきた気がします。

人間開発の指標

第二次世界大戦後から 1960 年代までの工業化を軸にした開発の潮流の中では、まずは経済成長して国民所得（GNP）を上昇させることが目標とされました。1970 年代に入ると、環境問題などがクローズアップされ、経済成長が立ち行かなくなった中で、物質的な開発よりも、より人間的な開発の目的が模索されるようになります。

こうした中で 1990 年に国連開発計画（UNDP）が考案したのが、「人間開発指標」（Human Development Index：HDI）です。HDI は、健康、知識、生活水準という 3 つの側面を組み合わせて、各国の人間的開発の達成度を比較します。「健康」は平均寿命（正確には「出生時平均余命」）で、「知識」は教育達成率（中・高等教育の総就学率）で、「生活水準」は一人当たりの実質国内総生産（GDP）で測ります。2020 年の人間開発報告書では、ノルウェーが第 1 位、北欧諸国は概ね高く、日本は 19 位で、シンガポール（11 位）より低い位置にあります。具体的な指標を見ていくと、経済中心の発展のランク付けとは異なる様相が見えてきます。毎年の人間開発報告書の概要はネットで検索可能なので、自分でも調べてみてください。

統計数値による比較の問題点

人間開発指数が経済偏重の開発の考え方を変えたことは評価できます。しかし統計数値で国家間を比較することには様々な問題があります。

第 1 に、統計資料のデータの正確さや捕捉可能性です。人口を数えるだけなら簡単と思うかもしれませんが、パプアニューギニアのような国では、国勢調査の調査員が山奥の村を訪ねてデータを聞き取ります。複雑な統計となれば、どこまできちんと計算され、捕捉されているのか疑問もわいてきます。

第 2 に、数値の社会的意味が国によって異なります。世界銀行は、2015 年

に 1.9US ドル以下の所得しか得ていない人を絶対的貧困の状態にあるとみな
し、その人口は世界で 7 億人に上るとしています。しかし、1.9 ドルの持つ価
値は、国によって、また都市と農村によって大きく異なるでしょう。先進国で
は、絶対的貧困よりも、周囲と比較した「相対的貧困」がより重要になります[2]。

　第 3 に、生活水準が、依然として GDP に依拠していることです。そこには
貨幣化されない経済行為（自給自足や交換など）は含まれません。私は、東日
本大震災の被災地の岩手県陸前高田市で、「ここはエンゲル係数の低い町だっ
た」という言葉を聞いたことがあります。エンゲル係数というのは、所得に占
める食費の割合ですから、名目所得が低い陸前高田でエンゲル係数が低いのは
不思議ですが、畑の野菜をおすそ分けしたり、サンマをどっさりもらったりと
いった交換の習慣があって、それほど食費がかからなかったからです。震災後、
農業や漁業を止めたり、津波で家を流され高台に家を建てた人たちも敷地に菜
園を作るだけの余裕はなかったりして、交換の習慣は弱まり、スーパーで食品
を買うようになりました。これは GDP からいえばプラスです。しかし家計の
消費支出が増し、交換で生まれる社会関係が弱まったことを考えれば、人々の
生活の質はむしろ下がっています。

2．グローバル化と格差

　そもそもグローバル化の中で格差が広がってしまうのは、なぜでしょう。
　技術革新（IT 革命）や輸送手段の発展によって、工業製品を部品の構成要
素に分割し、生産工程を分散することが可能になります。その結果、多国籍企
業は労働力やインフラが揃っていれば、生産現場を世界のどこにも（コストの
安い場所に）移転できることになります。こうした企業はフットルーズな性格
を持ちますから、進出先の国家が一国レベルで規制することは難しくなります。
　経済学者のスティグリッツは、グローバル化により商品・サービス・資本・
労働のフローが増加し、世界の経済が緊密に結びつくことで、世界中で生活水
準が向上するはずだったのに、そうなっていない原因を、先進国主導でルール
が決められているからだとします[3]。
　ワシントン・コンセンサスという言葉を聞いたことがあるでしょうか。1990

年頃から、先進国から途上国への開発政策の中で、国際通貨基金（IMF）、世界銀行、アメリカ財務省（すべてワシントンに立地）の間に共通の方針が生まれます。構造調整政策（Structural Adjustment Policy: SAP）と呼ばれる、自由貿易・小さな政府・民営化・規制緩和・知的財産権の保護といった、新自由主義的経済改革です。これらが援助の条件（コンディショナリティ）として途上国の問題（政府の腐敗、経済停滞など）の解決の処方箋として強要されます。それは、多くの場合、途上国経済の不安定化と貧困の増大をもたらします。

　教育や医療などの公共サービスが貧弱な途上国で政府支出を削減すれば、都市と農村の格差の拡大につながります。民間資本が育っていないのに、国営企業を民営化すれば、外国資本が所有することになります。市場の自由化を含め、海外の資本が途上国の経済を支配しやすくするのが構造調整政策なのです。

　経済学者のロバート・ライシュは、1970年代後半頃から先進国の経済が「超資本主義」（supercapitalism）に変化したと言います[4]。新技術の興隆によって、市場の隙間を目指す多数の売り手が、消費者獲得の競争をするようになります。モノとサービスの実質価格が低下し、品質が向上することは、消費者にとっては便利で選択肢が増すことです。しかしそれを可能にしたのは、労働の対価の削減と労働密度の強化です。経済成長の報酬は労働者よりも株主、そして株価を上昇させる有能な経営者に配分され、階級格差が増大していくことになります。24時間の需要を満たす便利なコンビニは、低賃金の学生アルバイトや外国人の深夜労働によって支えられています。私たちは、市場での選択の利益を享受しながら、非正規雇用にしかつけず、地域社会の衰退や環境破壊といった様々な不安や格差に悩むという矛盾を抱えることになるのです。

3．ポスト開発論と脱成長論

ポスト開発論

　欧米先進国（「北」世界）中心の開発政策が「南」世界の自律性を奪うという批判を提起してきたのが、ポスト開発（post-development）論の論者たちです。『脱「開発」の時代』の中で、編者のザックスは、開発の時代の始まりを1949年1月のトルーマンの大統領就任にみてとります。トルーマンが唱えた、先進

国が「開発」の内容を定義し、開発の遅れた国（低開発国）を援助するという
図式が世界の共通理解となっていきます[5]。

　コロンビア生まれの文化人類学者エスコバル（Escobar）は、『開発との遭遇』
で、開発をめぐるグローバルで西欧中心的な言説と実践が、いかに南の世界を
支配しているかを克明に語っています[6]。それは「貧困」の問題化にはじまり、
世界市場におけるアメリカ合衆国の覇権、地域紛争や内戦への軍事的介入が開
発の名の下に正当化されることなど、狭義の開発援助に留まりません。先進国
から「低開発」国への援助と、世界銀行や IMF といった国際機関によるこれ
らの国々の支配が、「開発の空間」を形作っています。

　ポスト開発論者たちが期待するのは、コモンズの復権です。コモンズという
のは、共有地や共有資源とも訳されますが、土地や水域など共同体の基盤とな
るような共有財産のことです[7]。コモンズを基盤に共同体の社会経済的相互
関係を回復することが、南世界の自立／自律につながるとします。コモンズの
復権は過去への回帰という印象もありますが、ラテンアメリカの小農民や都市
スラムの住民たちの運動のような現実の実践も伴っています[8]。

脱成長論

　ポスト開発論を先進国の側から主張するのが、フランスの思想家ラトゥー
シュ（Latouche）の脱成長論です[9]。彼は、経済の呪縛から根源的に抜け出す
ことで、新しい社会を構想しようとしています。彼が主張するのは、自然環境と
社会関係を破壊する物資的豊かさとは異なる、集合的な成熟の様式を探求する
ことです。「関係が財に取って代わる」という言葉は、現代世界において突出し
てしまっている経済的なるものをもう一度社会へ埋め込もうとする考え方です。

　ラトゥーシュは、地方的なものの活性化、「地域主義」（ローカリズム）を唱
えます。遠距離から物資を運んで消費することは環境負荷を大きくするので、
エコロジカルフットプリントの縮小が求められます。エネルギーの地域自給も
重要です。こうした経済の根源的変革の上に、地域に根差したエコロジカルな
民主主義を実践するような自主管理のアソシエーションを作るというのが、彼
の構想です。ラトゥーシュは、北側諸国における「脱成長」が、南側諸国がオ
ルタナティヴを実現するための必要条件とします。「西洋文化は、世界の他の

社会が追いつきたいと望むことによってのみ維持される」からです[10]。

4. 参加型開発の議論

　ポスト開発論がただちに現代の「開発」のオルタナティヴになりうるかというと、疑問もあります。それは、「南」世界の人たち自身がすでに開発の観念を深く内在化しているからです。

　第9章で述べる、パプアニューギニア奥地のミアンミンの村では、熱帯林に囲まれ西洋の物質文明に大きく影響されていないかに見える人々が、伝統的な衣装を捨て、手作業で滑走路を作って外部とつながり、何とか「開発」を手に入れようとしていました。しかし私は、ミアンミンの人たちに、無理に変わる必要がない、このままで幸せではないか、とは言えませんでした。そうした現実に出会うとき、もっとましな「開発」の実践はあり得ないのかと考えます。こうしたオルタナティヴな開発を目指す動きの一つが「参加型開発」です。

チェンバースの議論

　参加型開発の創始者ともいえるのが、イギリスのロバート・チェンバース（Robert Chambers）です[11]。チェンバースが焦点を当てるのは、村の貧困層や小規模農民など、これまで無視され排除されてきた弱者です。開発実践は、もっぱら開発専門家によって担われてきました。彼らは「アウトサイダー」――自分自身は農村に住んでおらず貧しくもない人たち（途上国の政府職員、コンサルタント、海外援助機関スタッフ、技術者、研究者など）――です。チェンバースは、彼らには本当の農村の貧困が見えていないと、厳しく批判します。

　チェンバースが指摘するのは、知識にも中心と周辺があることです。フォーマルな教育や専門家養成の方法は、先進国や途上国の都市など中心部の先入観に支配され、それによって得られる権力・名声と結びついています。専門家たちは、その過程で自分に優れた知識や高い地位が備わっていると思い込み、農村の貧しい人々は無知で遅れていて、貧困は自己責任と考えてしまいがちです。開発実践のために現地視察（「農村開発ツアー」）をする時も、都市から近づきやすく、プロジェクトが実施されている場所などが選ばれ、接触もエリートや

健康な男性に偏る傾向にあります。女性や貧しい人や病人は目に入りません。こうした問題を変える方法として、チェンバースが提唱するのが、これまで不可視だった弱者から学ぶような「参加型開発」です。

　そのためには「下から学ぶ」ことが必要です。具体的には、一緒に腰を下ろして、尋ね、耳を傾けることです。そうした人々の知識体系を理解し、技術面における有用な知識を引き出すことで、これまでの開発には欠落していた優れたローカルな知や実践が呼び起こされ、権力の逆転が生じます。

　チェンバースは、こうした弱者の知から学ぶために、PRA（participatory rural appraisal: 主体的参加型農村調査法）という手法を開発しました。開発実践者はファシリテーターに徹し、指示棒を地域住民に手渡し、住民自身が自らの現実を地図化したり、年表にしたりします。そこから外部者が学ぶと同時に、住民自身が力をつける（empowerment）機会となるのです。こうしたチェンバースの参加型開発の思想と手法は、国際開発の世界に大きな影響を与え、世界銀行などでも開発手法として取り入れられるようになっています。

　参加型開発の問題点・限界があるとすれば、参加型開発の手法が流行となることで、それが形骸化してしまうことです[12]。参加型開発がめざすのは、開発実践者や弱者の農民という、ミクロ（主体）レベルの変革です。それが、いかにマクロ（構造）レベルの改革に結びつくのかという点も課題でしょう。

5．ジェンダーと開発をめぐる議論とその展開

WID の誕生

　もう一つのオルタナティヴな開発へのアプローチとして、ジェンダーと開発の議論を紹介します。1970 年代から、それまでの開発の計画や実践が男性中心的だった（男性主導で男性に向けて実施されてきた）ことが批判され、「開発における女性」（Women in Development: WID）という議論が生まれます。

　その直接の契機は、1975 年の国際婦人年とそれに続く国際婦人の 10 年ですが、その背景には欧米先進諸国におけるフェミニズム運動の成果があります。もう一つの背景は、先ほどから述べてきたように、開発論の潮流の中で近代化論的開発への批判が生まれたことです。これにより、人間の基本的必要（Basic

Human Needs: BHN）といった概念が提唱され、工業化やインフラ整備だけでなく、保健衛生や住宅・教育の改善などが重視されます。こうした分野に焦点を当てようとしたとき、必要になるのが女性への働きかけでした。

「開発における女性」の理論的支柱となった書が、経済史家のボゼラップ（Boserup）の『経済発展における女性の役割』でした[13]。彼女は、多数のモノグラフにもとづきながら、サハラ以南アフリカなどで支配的な焼畑農耕と、北アフリカや西アジアで支配的な犂農耕を対比し、前者が女性中心的な農業システム、後者が男性中心的な農業システムであることを見出します。より多くの肉体労働を必要とする後者において女性が農業労働から撤退することが、北アフリカや西アジアの男性優位の社会制度の物質的基盤となっていると指摘しました[14]。彼女はまた、西欧諸国が植民地支配を行なう中で、宗主国の社会規範に根差す男性＝生産労働、女性＝家内労働という二分法が持ち込まれ、それに基づく政策が実施される（土地登記を男性世帯主の名の下に行なう、など）ことによって、女性の社会的地位が低下したことも強調しています[15]。

WID から GAD へ

WID は大きな成果を挙げた一方、問題点も指摘されました。それは、開発の受益者として女性を捉える（たとえば女性を対象とした栄養や保健のプロジェクトを実施する）ことが、女性が家族の世話をするという既存のジェンダー役割の固定化につながってしまうこと、また女性の収入向上を目指したプロジェクト（たとえば手工芸品の制作・販売）を行なうことが、家事労働を含め男性より長時間働いている女性のさらなる過重負担を招きかねないことでした。

こうした認識に立ち、1980 年代からは新たに「ジェンダーと開発」（Gender and Development: GAD）という枠組みが提起されます。その中では女性を男性や社会との関係性の中で捉え、開発の受益者としてだけでなく、能動的な主体としての女性が力を付けること（エンパワーメント）、既存の社会・文化におけるジェンダー不平等の構造の変革をめざすことが強調されました[16]。

ジェンダーと開発、とりわけ GAD の理念を、実際の開発協力の中で実現しようとするとき生じてくるのが、「開発」とローカルな社会規範との対立・葛藤です[17]。ジェンダー平等をめぐる議論が、途上国の既存の社会規範を脅か

す西欧的な価値観として捉えられがちなことが、それを増幅させています。

ジェンダーと開発と男性

　GAD では、社会から女性だけを切り離して捉えるのではなく、ジェンダー関係とその変革に焦点を当てます。したがって、男性の問題もそこに加わってくるはずです。しかし現実のジェンダーと開発の研究や実践においては、男性はもっぱら阻害要因として「他者化」されてきたという印象があります。

　これに対し、1990 年代後半から、イギリスで「ジェンダーと開発」に男性を組み込もうという議論が生まれます[18]。そこには、いくつかの背景があります。第1に（「女性」も一枚岩ではないのと同様に）「男性」を普遍的で本質的なカテゴリーとしてしまうことの問題性、第2に開発のローカルな現場からの要請、そして第3に世界的レベルでの「男性の危機」の顕在化です。

　2 点目については、開発実践の現場で、男性を排して女性だけにプロジェクトを実施しようとするとコミュニティの男性の反発を招くことに加え、HIV-AIDS の問題や、リプロダクティヴ・ヘルスのように、男性も組み込んだ形で実施した方が有効なプログラムがあることなどが挙げられます。

　3 点目の「男性の危機」というのは目新しい言葉かもしれません。グローバル化にともない、労働力の女性化（途上国で低賃金で文句を言わず働く若い女性が組み立て型の工場などで重用されたり、先進国・途上国を問わず学歴の高い女性の社会進出が進む、など）が生じます。一方、男性はそれまでの（既得権としての）フォーマルな雇用を失うことになります。それは稼ぎ手としての男性の役割を低下させ、男たちの地位やアイデンティティを掘り崩すことになります。これは、途上国も先進国でも同様に生じている事態です。その背景には、前章で述べたようなグローバルな資本主義の展開の中で、性別を問わない雇用の細分化と流動化が進んでいることがあります。

日本の経済社会変化と男性（性）の危機

　日本に目を向けましょう。高度経済成長期には男性が長時間労働を厭わず働いて、家族を養う賃金を得て、稼ぎ手としての男（夫・父）のアイデンティティを得てきました。一方、女性は専業主婦やパートタイム労働者として、もっぱ

ら家事・育児（再生産労働）に従事するという性別役割分業が支配的でした。

　しかし1990年代後半から、若年層で非正規雇用が著しく増大します。そこには、グローバル化に伴う国際経済の構造変化と、バブル崩壊後の日本経済の中で、民間企業の労働コストを削減したいという要求に応える形で、政府が労働者派遣法の改正などの経済改革を行なってきた経緯があります

　非正規雇用に就くのは、かつても現在も女性が圧倒的に多いのですが、非正規雇用に就く男性が増える中で、特に若い世代においては男女差が縮まってきています。日本では、もともと正規雇用と非正規雇用の間に大きな賃金格差や労働条件の格差がありました。これはパートタイム労働で働く主婦たちの賃金を家計補助的な収入とみなし、低く抑えてきたからでもあります。このため、正規雇用と非正規雇用に就く男性の所得格差は大きく、非正規雇用に就く男性は結婚が難しいという問題も生じています。結婚して家族を養うことにアイデンティティを見出すことができなくなった男たちがどう変わっていくのかは、これからの日本社会の重要な課題になることでしょう[19]。

差異を越えて

　ジェンダーと開発をめぐる議論には、それを突き動かしてきたフェミニズムが持つ西欧中心主義的な志向性が強く影響していると感じます。その問題性は、女性を一枚岩な存在とし、ローカルな社会・文化の多様な現実を超越して、外部から「解放」のシナリオが描かれてしまうことです[20]。

　インド出身でアメリカで活動するフェミニスト教育学者のモーハンティは、欧米のフェミニスト（白人中産階級女性）が表象する「第三世界女性」が、無力で、貧しい、抑圧された存在として描かれてしまうことを批判しています[21]。こうした第三世界フェミニストからの批判は、黒人フェミニストたちからの批判[22]と併せて、フェミニズムの持つ西欧白人女性中心主義への脱構築を迫ることになりました。

　モーハンティは10年後、自らの論文を再考し、グローバル資本主義への抵抗運動として「南」と「北」がいかに協同しうるかを模索しています。彼女は、西欧中心的・文化相対主義的なポストモダンの学問と教育が「差異」を強調することが、市場主義・自己責任・個人の自立といった形で、グローバルな資本主義と親和性をもってしまい、フェミニズムやマイノリティ運動の力を弱

め、個人化と分断化をもたらすと懸念します。それに対し彼女は、「共有される差異」という観念を分析と連帯の基礎とすることで対抗しようとします。「差異や独自性を知れば、関連や共通性が分かる。それは境界や限界というものが、決して完全でもなければ、確固ともしていないからである」という言葉は、西欧と非西欧という二項対立を乗り越える上でも示唆に富んでいます[23]。

私たちの「開発」

新自由主義的なグローバル資本主義が、国家の枠や規制を超えて市場原理主義を浸透させていく中で、私たちはジェンダーに関わりなく労働力として活用されます。それは、ナショナルなジェンダー規範を揺るがすものでもあり、いわば資本にとっての「開発」の論理です。

そうした中で非正規雇用が拡大し、男性優位社会の中で既得権を得ていた男たちの危機をもたらします。男たちのフラストレーションは、しばしば自分たちの雇用を奪う存在として仮想された女性や移民に向けられ、ヘイトスピーチやネットでの排他的な言説や実践を生み出しています。

安価な労働力として海外から移民が導入され、それが自国民の雇用を奪うものとして敵視・排除されるという現象は、日本に限らず、欧米諸国でも生じています。しかし移民女性たちは、育児・介護・看護といった先進国の再生産を支える存在となりつつあります。

そこで見えてくるのは、グローバル資本主義によって減価される労働という共通性の上に、私たち（男性、女性）も、海外からの移民たちも立ち、ともに苦難を味わっているという現実です。そこには、共通の利害に根ざした、ジェンダー・国境の枠を超えた連帯の可能性があるはずです。グローバルな資本主義によるジェンダー再編の中で、グローバリズムと排他的ナショナリズムの双方に抗うことを通じて、私たちの世界と彼/女らの世界の協働関係を模索していくことが、私たち自身の「開発」にもつながるのではないでしょうか[24]。

☞ **本章の問い**：①途上国（「南」世界）と先進国（「北」世界）の格差が縮まらないのはなぜでしょう？　②あなたが途上国の開発に関わる機会を得たとしたら、どのようなことを心掛けますか？

第4章　オセアニアという地域

1．オセアニアの空間と地域

オセアニアと聞いて、どんなイメージが思い浮かぶでしょう。オーストラリア、ニュージーランド…、そして海でしょうか。青い海、白い砂浜、ヤシの木、サンゴ礁…、そこには人間はあまり登場しませんね。

オセアニアは、アジア、ヨーロッパ、アフリカ、北アメリカ、南アメリカと並ぶ大地域（6大州の一つ）です。しかし人口は希薄で、世界人口の0.5%しかありません。オセアニアには、アメリカ合衆国やニュージーランドとの自由連合を含めて16の国家があります。オーストラリア、ニュージーランド、パプアニューギニアを除けば、いずれも面積も人口も小さい国ばかりです。第8章で取り上げるパラオは面積460㎢で屋久島と同じくらい、人口は1万8千人です。これを沖縄県と比べると、沖縄は面積でパラオの4.5倍、人口は147万人ですから、パラオの80倍もあります。沖縄をオセアニア島嶼国のスタンダードで比べると、立派な大国です[1]。

海の空間としてのオセアニアは、アジアやヨーロッパから見れば、海で隔てられた遠い地域です。しかし、海によって私たちとつながっている地域ともいえます。オセアニアは日本の海続きの隣人です。小笠原諸島の先には、マリアナ諸島があります。沖縄や八重山を含む南西諸島は台湾につながりますが、台湾はオーストロネシア語族に属するオセアニア住民の故地でもあります[2]。

オセアニアの境界

オセアニアとアジアの境界はどこでしょう。国単位で考えれば、インドネシアは東南アジア、パプアニューギニアはオセアニアですから、インドネシアの東端にあたるニューギニア島の西半分（西イリアンあるいは西パプア）と、パ

プアニューギニア独立国 (3) との間、すなわちニューギニア島の真ん中を南北に引かれた直線が、両者を分かつ境界線ということになります。

　しかしそれはローカルな人々の意識とは一致しません。ニューギニア島の住民は、同じ身体的・言語的特徴を持つ人々です。この境界線は、19 世紀にニューギニア島が植民地化されたとき、西半分がオランダ領になり、東半分がドイツとイギリスによって領有された歴史によって作られました。植民地時代の境界は地元の人々の生活や意思と無関係に存在し、分断し続けているのです。

オセアニアの地域区分

　オセアニアは，太平洋島嶼地域とオーストラリア大陸を合わせた地域です。

　太平洋島嶼地域はさらにメラネシア、ミクロネシア、ポリネシアの 3 つに区分されます（図 1）。メラネシアは、「黒い島々」を意味します。「黒い」島々と呼ばれるのは、この地域の住民の肌の色から来ているという説と、これらの島々の多くが環太平洋造山帯の活動によってできた大きな島で、遠くから眺めると黒々と見えるからという説があります。ミクロネシアには、その名の通り

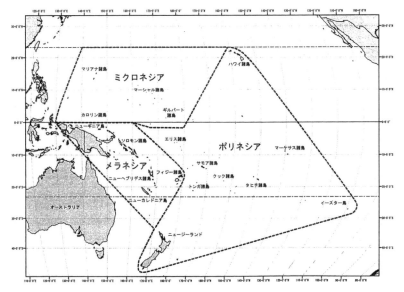

図 1　オセアニア島嶼部の地域区分
（熊谷圭知・片山一道編『オセアニア』朝倉書店、2010、図 1.2）

「小さい島々」が散在しています。ここにはおおむね赤道の北、日付変更線の西側に位置する島々が含まれます。ポリネシアは、「多数の島々」の意味です[4]。ハワイ諸島を頂点とし、ニュージーランドとイースター島を結ぶ線を底辺とするポリネシアの大三角形の中に、多数の島々が点在します。空間は広大ですが、他の2地域に比べると文化的・言語的共通性が大きいのが特徴です。そこには、後に見る人々の移住の歴史が関わっています。

オセアニアという名称

　太平洋島嶼地域は熱帯あるいは亜熱帯で湿潤ですが、オーストラリア大陸は、年降水量500 mm以下の草原・砂漠が3分の2を占める乾燥した大陸です。この対照的な地域が「オセアニア」として括られるのは、西洋人が最も遅く足を踏み入れた空間であることに拠っています。

　「オセアニア」（Oceania）は「大洋州」とも呼ばれます。Ocean（大洋）の語源は、古代ギリシアの世界観にあったオケアノス（Oceanus）に遡ります。世界の果てを海が取り巻いていて、その水がぐるりとつながっているというイメージ、つまり西洋からみた時、世界の果ての海世界がオケアノス、すなわちオセアニアなのです。この世界の果てには、さらに未知の南方大陸（Terra Australis Incognita）があるというのが西洋の世界観でした。16世紀末にメルカトルの描いた地図にも、まだこの南方大陸が描かれています。こうした未知の大陸の発見は、大航海時代の目的の一つにもなりました。

2. オセアニアの歴史と移住

第1の移住の波

　考古学的資料によれば、現在オセアニアと呼ばれている空間にはじめて人間が足を踏み入れたのは、およそ5万年前のことです。最終氷期であった当時、オーストラリア大陸とニューギニア島は陸続きでした（サフル大陸と呼ばれます）。現在のインドネシアの島々が連なる空間（スンダ陸棚）との間は海で隔てられていましたが、当時の航海技術でも何とか渡れるほどの距離に縮まっていました。そうしてやって来た人々が、現在オーストラリアのアボリジニと

ニューギニアの人々の祖先になります。

　これらの人々は、3 万年前くらいまでに、さらに隣の島が目視できる距離にあったその周辺の島々（現在のソロモン諸島周辺）まで移住していきます。ここまでの空間を「ニアオセアニア」と呼びます[5]。

第 2 の移住の波

　その先に広がる大洋（リモートオセアニア）に人類が乗り出すのは、3500 年ほど前のことです。現在の東南アジア方面から、新たな航海技術を持った人々がやって来ます。オーストロネシア語族と呼ばれる言語系統に属するこれらの人々は、ラピタ土器と呼ばれる土器を持ち、タロイモを栽培し、イヌ、ニワトリ、豚などの家畜も飼う人々でした。彼らは、すでに先住者がいたニューギニア島などをかすめ、海岸部の人々と混淆しながらも、とても速いスピードで東に進み、紀元前 800 年頃には現在のポリネシアの中心域にまで到達します。

　ここで約千年間留まった人々は、1700 年前頃にまた移動を始めます。サモアからマルケサス諸島に移住し、そこからハワイ諸島まで移住します。さらに人々は、イースター島、ニュージーランドまでも渡っていきます。

　マルケサス諸島からハワイ諸島までは直線でも数千km以上あります。それを可能にしたのは、ポリネシアの人々の卓抜した航海技術です。赤道付近は南東貿易風が吹いているので、逆風でも航海できる技術が必要です。星座や渡り鳥の通路などを熟知した「頭の中の地図」の存在など、当時のポリネシアの人々は西洋人の大航海時代より早い「最初の遠洋航海者」でした[6]。

　ポリネシアの核心部に千年近くとどまっていた人々が、なぜ再び移住を開始したのかは、文字がないので永遠の謎です。人口が増えて食料資源が足りなくなったというだけでなく、海の彼方に何があるのかという好奇心や、地理的想像力も手伝っていたかもしれません。

　ポリネシアの人々が現在のクック諸島あたりからニュージーランドに移住したのは、1200 年頃と推測されます。それから大航海時代までわずか 300 年ほどしかありませんから、オセアニアという移動の舞台に最後に登場したのが西洋人だったとも言えるでしょう。しかし、西洋文明との出会いは、オセアニア世界に大きな転換をもたらすことになります。

3. 西洋文明との出会いと相互（不）理解

　現在のオセアニアの空間に最初に足を踏み入れた西洋人は、マゼランです。
マゼランは、1521年に現在のグアムをかすめてフィリピンに到達し、キリス
ト教の布教を試みますが、セブ島の首長ラプラプと争いになり殺されます。こ
のマゼランの航海は、続く西洋人の探検航海の口火を切るものとなりました。
　その後、オセアニアに現れる航海者たちの出身地を見ると、16世紀から17
世紀初めまではポルトガル（メネゼス、キロス）やスペイン（メンダーニャ、トー
レス）が支配的で、17世紀には、ヤンツ（オーストラリア大陸に上陸）やタ
スマン、ロッヘーベン（イースター島に到達）などオランダの航海者が現れます。
そして17世紀末から18世紀に至るとブーゲンヴィル（ブーガンヴィル）やダ
ンピアなどフランスやイギリスの航海者が活躍します(7)。

ジェームズ・クックの航海

　大航海時代の最後を締めくくるのが、ジェームズ・クック（キャプテン・クッ
ク）です。クックは3度にわたり太平洋をくまなく航海します。第1回（1768
〜1771年）は、現在のタヒチからオーストラリア、ニュージーランドを廻り、
第2回（1772〜1775年）は、南方大陸が存在しないことを確認して、イースター
島、ニューヘブリデス島ほか多数の島々を訪ね、海図も作成し、第3回（1776
〜1780年）は、北太平洋を探検しました(8)。

　彼の航海がそれまでの航海者と大きく異なっていたのは、それが科学的な航
海だったことです。クックは、当時の遠洋航海者が悩まされた壊血病を出さな
いなど、乗組員の健康管理にも気を配りました。また、航海中の観測や海図・
地図の作成にも尽力しました。博物学者を同行させ、上陸地では動植物や鉱物、
土壌だけでなく、住民の気質や性向などについても記述しています(9)。

　クックの航海のもう一つの特質は、大英帝国の後ろ盾を得ていたことでした。
その最大の使命は、大英帝国の領土獲得でした。クックは、長い間西洋で信じ
られてきた南方大陸が存在しないことを確認するとともに、1770年に現在の
オーストラリア（オランダのヤンツが最初に「発見」したので当時はニューホ

ランドと呼ばれていました）の東海岸に上陸し、大英帝国の領土として宣言しています[10]。

　クックは、最後にハワイで殺害されます。それまで訪れた土地で大きなトラブルを起こさず、人々に理解のまなざしを注いできた彼が地元民に殺害されてしまったのは皮肉なことです。クックの来訪は、最初ハワイの人々が信仰していたロノ神の化身とみなされ大歓迎されたのですが、送り出されたクックの船が嵐に遭って戻ってきてしまい、それを不吉なことと受け止めたハワイの人々との間にトラブルが起こり、殺されたといわれます[11]。

　クックの航海によって表された『世界周航記』はベストセラーになります。とりわけ画家たちの描いたスケッチが、図版になる過程で理想郷としての古典古代の風景に重ね合わされたことにより、太平洋の楽園イメージが強められることになりました[12]。西洋人がオセアニアを自己の世界観から理解したように、オセアニアの人々も自己の世界観で西洋人を捉えていました。しかし、その力関係は、決して対等と呼べるものではなかったのです。

植民地化と西洋文明

　クックがオーストラリアの領有を宣言した 18 年後の 1788 年、アーサー・フィリップがイギリスから囚人を乗せた船を率いて到着し、オセアニアにおける西欧諸国の植民地化の歴史が始まります。世界のほかの地域と比べれば、植民地化の歴史は新しいにもかかわらず、最も深く西洋世界の影響を受けているのもオセアニアだといえます。

　西洋世界との接触によってオセアニア社会が等しく被った負の影響は、人口の減少でした。西洋人がもたらした病気は、小さな島嶼社会に生きる人々に壊滅的な打撃を与えます。

　もう一つの大きな影響はキリスト教の布教です。18 世紀末に、ロンドン伝道協会がタヒチで本格的な布教活動を始め、ポリネシア人宣教師たちの手で、各地に布教活動が広がっていきます。それらは地元の住民との間に様々な軋轢や抵抗も引き起こしたのですが、現在ではオセアニアの住民のほとんどがキリスト教徒になっています。キリスト教化を促した背景として見逃せないのは、西洋がもたらす物質文明を手に入れようとする欲求でした。

42

カーゴカルト

　オセアニアで特徴的なのは、西洋人がもたらした観念や物質文明が支配の力として抵抗の対象となるより、むしろ積極的に受容され、解釈され、内在化されたことです。その象徴的な出来事が、メラネシア地域に広まったカーゴカルト（cargo cult）と呼ばれる運動です [13]。

　これは、西洋人の所有する物質的な富と自らの所有物との間の格差の大きさを、聖書の教えを織り交ぜながら解釈し（聖書の最初のページにはアダムとイブが黒人であったと書かれていたが、宣教師たちはそれを破ってしまい、自分たちの所有すべき富を横取りしてしまっているというように）、預言者に従った新たな実践を行なうことで、西洋の財物を手に入れようという運動です。その具体的な実践は、祖先の富を満載した船が到着する船着き場を作るといった行為から、伝統的慣習を捨てて規律正しい生活を行なうといった近代的なものまで様々です。そこには、西洋人のもたらした物質的な富が人々の強烈な関心事であり、西洋人と自分たちの間の所有をめぐる格差が理不尽なもの、何らかの形で是正されるべきものとして捉えられていることがうかがえます [14]。

4．オリエンタリズムを越えて

植民地支配とオリエンタリズム

　「植民地主義」（colonialism）あるいは「ポストコロニアリズム」（post-colonialism）は、オセアニアの社会・文化を語る上で不可避なテーマです。ポストコロニアリズムとは、植民地「後」ではなく、植民地支配の影響が、支配した側だけでなく、支配された側にも残り続けているという考え方です。

　エドワード・サイード（Said, Edward）は、西洋が東洋（オリエント）を支配する様式として東洋学の思想を読み解きました [15]。オリエンタリズムとは、西洋が、自己の反鏡像として東洋を眼差し、自己確認する仕掛けのことです。オリエンタリズム的な二項対立の図式を表1に示しました。サイード自身は、このような単純化された図式を示しているわけではありませんし、サイードが論じる「オリエント」は、直接には近東・中東を指し、その他のアジアは（オセアニアも）含まれていません。しかし 『オセアニア・オリエンタリズム』 [16]

表1　オリエンタリズム的な二項対立の図式

西　洋	東　洋
文明	野蛮
人間中心／人工的	自然との調和／野生
近代	伝統
進歩・変化	停滞・不変
理性	感性
秩序	混沌
男性	女性
自己	他者

（筆者作成）

という書にも描かれていように、こうした二項対立の図式は、オセアニアにも適用可能です。

　西洋が、自己を理性的で、秩序だった、進歩する存在として確認するために必要なのが、感性に支配され、無秩序で、停滞する他者としての東洋／オセアニアです。男性は主体、女性は客体であり、東洋やオセアニアの女性たちは、しばしば男性にとって官能的で魅力的な存在として描かれます。それは文明に汚染されない自然に調和した東洋／オセアニアというイメージと同様に、西洋キリスト教世界が失ってしまったものでもあります。

パパラギの語られ方

　こうした西洋とオセアニアとの両面価値的な関係性を示すのが『パパラギ』という物語です [17]。パパラギというのは、サモア語で「空を破って現れた人」という意味で、白人のことです。これは、エーリッヒ・ショイルマンというドイツ人（画家で作家であり、世界を放浪するバックパッカーのような人物）が、サモアの酋長であるツイアビと出会い、その語る言葉を書き起こした物語ということになっています。ツイアビはヨーロッパを視察した経験を持ち、それをもとに西洋近代文明への批判をこのように語ります。

　「物がたくさんなければ暮らしてゆけないのは、貧しいからだ。大いなる心によって造られたものが乏しいからだ。パパラギは貧しい。だから物に憑かれている。物なしにはもう生きてゆけない」[18]。「大いなる心」というのは自然のことです。彼はこうも言います。「今、白い人びとは、私たちも豊かになる

44

べきだと言い、彼らの宝物を私たちのところへ持ってきたがっている。——つまり彼らの物。物は毒を塗った矢だ。胸にささって男は死ぬ」[19]。

　この一節は、私たち近代社会の病理、物質的豊かさへの欲望と資本主義的拡大への志向への批判であり、前章で論じたポスト開発論の議論とも重なります。『パパラギ』は 1920 年に初版が発行され、ベストセラーになりました。1977 年に再刊され、ドイツ語版は 20 万部刊行されます。第一次世界大戦直後の 1920 年、環境問題が注目されている 1970 年代と、ともに西欧諸国が自らの文明の行き詰まりを感じていた時期にこの本が注目されたと言えます。

　一方、サモアは 1899 年にすでに（西サモアはドイツに、東サモアはアメリカにより）植民地化されていて、1908 年にはマウ運動という反植民地運動も発生しています。したがって、もう無垢な存在ではありませんでした。

　ツイアビは実在の人物ではなく、ショイルマンの創作という説もあります。とするとこの本は、ヨーロッパを逃れサモアにやってきた西洋人が、自らが失ってしまった人間性へのノスタルジアを、ツイアビという架空の人物を通じて語っていることになります。それはオリエンタリズムの二分法に乗っ取った、西洋の身勝手な願望をオセアニアに押し付けていることにほかなりません。

　私たちがオセアニアに観光に出かけるときに期待するイメージ（太陽、青い海、白い砂浜…）も、近代文明に支配された都市生活の対極にあり、「大いなる心」としての自然が作り出したものです。こうしたオセアニア・イメージは、観光産業を通じて再生産され、強化され続けています。

　しかし、『パパラギ』という書がショイルマンの願望を色濃く反映したものであるとしても、そうした思考を喚起したサモアの風土と人々との出会いや相互作用があったことも忘れてはならないでしょう。

「ファアサモア」：混淆と逆オリエンタリズム

　サモアには「ファアサモア」（サモア流）という言葉があります。熱心なキリスト教徒でもあるサモアの人々の正装は、男性は開襟シャツに単色のイエファイタガと呼ばれる腰布、女性はプレタシと呼ばれるツーピースの服です（写真 1）。もともと衣服を着る習慣のなかった（刺青が衣服の代わりだった）サモアの人々が服を着るようになったのは、キリスト教宣教師の教えによるもの

写真1 サモアの男性の正装（イエファイタガ）と女性の正装（プレタシ）
写真提供：JICA（野沢有加「文化紹介サモアの民族衣装－Alofa 常夏の
島サモア日和：JICA 海外協力隊の世界日記－」）

ですが、今ではこの服装はサモア流という「伝統」になっています[20]。

「ファアパラギ」（白人流、白人かぶれ）に対して、「ファアサモア」という言葉で表されるのは、首長による秩序があったり高齢者を大事にしたりするという、サモア社会が欧米の個人主義文化に勝っているという自己主張です。それは、人々が西洋によって押し付けられた文化表象をむしろ逆手に取って、自らのアイデンティティを構築しているということでもあります[21]。

サモアの人口は20万人ですが、それを上回る人口がニュージーランド、オーストラリア、アメリカ合衆国などの海外に在住しています。サモアにはファーラベラベという伝統的な交換儀礼がありますが、海外に在住する人々も、しばしばこの交換に参加したり、貢献したりします。また海外の移民社会の中でも、多数の細かく編んだゴザ（ファインマット）を用いた交換儀礼が行なわれています[22]。サモアという国はサモアという領域性を超え、海外移民とのネットワークを含み込んだ国家・社会として存在するといえるでしょう。

オセアニアという地域は、いろいろな意味で、私たちの国家や地域の常識を問い直させてくれる空間なのです。

☞ **本章の問い**：①オセアニアと西洋との出会いはどのような特質を持っていたでしょうか？　②『パパラギ』を読んで感じたことを自由に述べてください。

第5章 楽園ではないハワイ
－ハワイの歴史と文化復興運動－

1. ハワイのイメージと観光

ハワイのイメージと現実

　ハワイ[1]と言えば、フラダンス、パイナップル、ワイキキビーチ…。最近はハワイ料理がブームなので、ロコモコとかパンケーキを思い浮かべるかもしれません。この中でハワイに昔からあったのは、フラ（ダンス）だけです。ワイキキビーチは、もともと湿地帯だったところを埋め立てて、人工的に造られました。パイナップルは南アメリカ原産で、ハワイに持ち込まれプランテーションで栽培されるようになったものです。

　フラダンスと聞いてイメージするのは、女性の優美な踊りでしょう。しかしフラは、もともと神に捧げる男性の激しい踊りが中心でした。伝統的なフラをフラ・カヒコ、私たちが馴染んでいる自然描写中心の物語的なフラをフラ・アウアナと言います[2]。伝統的なフラは、ハワイにキリスト教宣教師がやってきて以来、その異教的な力強さが危険視され、禁止されることになります。

ハワイの観光産業

　ハワイを訪れた観光客は、2019年には1,000万人を超えました[3]。ハワイの人口が136万人（2010年）ですから、人口の7倍の観光客が押し寄せたことになります。その後、新型コロナウィルス感染症の蔓延で観光客（特に日本から）は激減しますが、徐々に回復しています。国別で一番多いのはアメリカ合衆国本土からですが、それに次ぐのは日本です。観光客一人当たりの1日の消費額を見ると、日本（240ドル）は、アメリカ西部からの観光客（175ドル）よりだいぶ高くなっています。面白いのは、ハワイで何をしたかを比べると、

欧米諸国からの観光客が海で泳いだりマリンスポーツをする割合が高いのに対し、日本はショッピングモールやデパートに行く人が多いことです[4]。それだけ日本人は買い物にお金を使いたがると言えそうです。

　ハワイの第1の産業は観光業です。州総生産の4分の1を占め、3人に1人は観光関連業に従事しているといわれます。その他の産業としては、砂糖（サトウキビ栽培、製糖）やパイナップルなどもありますが、忘れてはならないのは軍需産業です。ハワイには軍港があり、それが日本軍によって攻撃されたことから、太平洋戦争が始まります。軍関係者の滞在や休暇の場所として、軍需産業と観光は手を携えながら発展していきます。

　戦後は、ハリウッド映画などのメディアによって、ハワイの楽園イメージが流布されます[5]。フラダンスも、商業化が進み、女性が腰を振るセクシーな踊りというイメージが定着していくことになります。

2. ハワイの自然と社会

ハワイ諸島の自然

　ハワイは現在、アメリカ合衆国の一つの州です。ハワイ諸島は7つの主な島から成っています（図1）。面積順にいうと、ハワイ島、マウイ島、オアフ島、

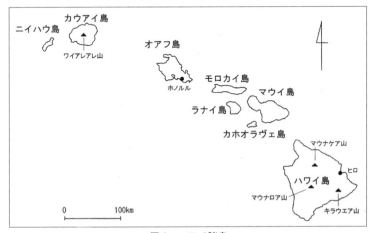

図1　ハワイ諸島
（熊谷圭知・片山一道編『オセアニア』朝倉書店、2010、図6.36）

カウアイ島、モロカイ島、ラナイ島、ニイハウ島で、人口が一番多いのは、州都ホノルル（人口 37 万人）のあるオアフ島（88 万人）です。

　ハワイ諸島は太平洋プレート上にあり、活発な火山活動により形成された、典型的な「高い島」です。今もマウナロアとキラウエアの 2 つの活火山があり、しばしば噴火します。火山は信仰の対象でもあります。貿易風の影響で年中湿潤な風が吹き、雨が多く、豊かな水資源がもたらされます。ハワイでは、火山から流出した溶岩が円錐形の島を形作っています。そこに吹き付ける湿った大気が雨をもたらし、川が火山台地に扇状地を形成して海へと流れ込みます。アフプアアと呼ばれるこの扇状の空間ごとに、先住ハワイ人たちは伝統的共同体を作り、タロイモを中心とした農耕を行なってきました[6]。タロイモは、ハワイの神話とも結びつく重要な作物です[7]。そして「大地は、空や海と同じく、…誰もが使用でき、共有すべきもの」でした[8]。

虹色の社会ハワイ

　ハワイ社会の特徴は、多様な人種・民族で構成されていることです[9]。2000年の国勢調査によれば、白人系が 33%、日系が 22%、フィリピン系 19% で、先住ハワイ人（native Hawaiian）は 9% しかいません。人種・民族間の通婚も多く、国勢調査では 4 人に 1 人以上の住民が、複数の人種・民族カテゴリーを選択しています。こうした状況から、ハワイは人種・民族間の垣根が低く、ハワイ生まれ（カマアイナ）という共通項でまとまる「虹色の社会」としてとらえられてきました。しかし近年は、アメリカ本土からの人口流入が進み、本土並み化が進行する一方で、後に見るように、マイノリティの地位に置かれてきた先住ハワイ人たちの自己主張も強まっています。

3．ハワイの歴史とハワイ王国の崩壊

ハワイ王国の成立

　ハワイへの人間の到来の時期は諸説ありますが、西暦 800 年代にはマーケサス諸島から移住したと考えられています[10]。前章で述べたように、これらの島々からハワイまでは 3 千 km 以上ありますから、大変な遠洋航海です。

　1779 年にハワイに来訪したキャプテン・クックの一行と出会っているカメハメハは、その後、住みついた西洋人の力を借りて銃火器を入手し、西洋式の帆船を建造したりして、力を増強します。そして武力でハワイの統一を果たし、1810 年にハワイ王国が成立します。

　最初にハワイからの輸出品となったのが、中国向けの貿易で使われた白檀と干しナマコでした。その後、当時北太平洋で盛んに行なわれていた捕鯨船の寄港地として栄えることになります（メルヴィルの『白鯨』にあるように、当時の捕鯨の中心はアメリカ合衆国でしたが、油をとるだけの略奪的な漁でした）。こうした利益を独占することで、カメハメハ王朝の力が強まっていきます。

キリスト教の受容

　1820 年にアメリカのニューイングランドから来たカルヴァン派宣教師が、ハワイで布教を開始します。最初にハワイでキリスト教を受容したのは、ケオプラニ女王だと言われます。マナと呼ばれる聖性の強い力を持つ女王だった彼女は、キリスト教布教前年の夫のカメハメハ 1 世の葬儀で、カプ（タブー）を積極的に破る実践（女性に禁じられた食べ物を食べたり、男性と一緒に食事したり）をして、罰が下らないことを示します。やはりカメハメハ大王の妻で、後に政治に携わるカウフマヌ女王も開明的な女性で、カプ破りやキリスト教への改宗を積極的に進めます。王室・首長層が積極的に改宗したことで、庶民にも急速に浸透していくことになります[11]。

　宣教師たちは厳しい戒律を持ち込み、ハワイの伝統的な衣装や性表現などを非道徳的なものとして異端視します。一夫一妻制度と、売春・姦淫、盗み・殺人の禁止等を説くとともに、学校を設立して、読み書きを教えます[12]。

ハワイ王国の変容

　1840 年にカメハメハ 3 世は憲法を公布し、ハワイ王国は立憲君主国となります（これは明治維新より早いことになります）。これをアメリカ、イギリス、フランスが相次いで承認します。当時、フランスはハワイに領土的野心を抱いており、アメリカは保護領化を画策していました。次第に、ハワイへの欧米列強の圧力が強まってきます。

　1848 年にカメハメハ 3 世は、新たにマヘレ（分配）と呼ばれる法を施行しました。その背景の一つに、1830 年代の半ばごろから発展したサトウキビのプランテーションなどに利用するため、土地を取得したいという欧米人の圧力がありました。この法律で土地権が分配され、個人所有となったことで、欧米人の土地取得が容易になります。その結果、19 世紀の終わりには、欧米人の所有地はハワイ人の所有地の 4 倍にもなります [13]。一方、クック来訪時には30 万人ほどと推計される先住ハワイ人の人口は、欧米人の持ち込んだ病気に経済基盤の喪失などが重なり、1892 年には 4 万人にまで減少しています [14]。

サトウキビ産業の発展と移民の増大

　サトウキビ産業の成長とともに、年季契約の移民労働者が導入されます。最初に導入されたのは、中国人労働者でした。続いて現場監督としてポルトガル人、その後は日本人、フィリピン人も労働者として導入されます。日本からの最初のハワイ移民は 1886（明治元）年だったので「元年者」と呼ばれます [15]。プランテーションで働く契約移民の労働は大変厳しいもので、半奴隷的な境遇で、監督官の下での苛酷な労働を強いられました。

　一方、宣教師を含む欧米人は、ビジネスや政府の要職に就いていき、次第にアメリカ合衆国の影響力が増大し、王権との確執が生まれることになります。

ハワイ王国の転覆とアメリカへの併合

　1874 年に即位したのがカラカウア王です。今でも「メリーモナーク」（陽気な王様）としてハワイで人気がある人です。彼は、「ハワイ人のためのハワイ」を作ろうとして、フラの復興などを熱心に行ないます。

　カラカウア王は 1881 年に世界一周の旅に出て、その途中で日本にも来訪します。これは日本が迎えた初めての外国の首脳でした。カラカウア王は、この時さらなる日本人移民を要請するとともに、皇族との国際結婚を申し入れたと言われます。これは結局実現しませんでしたが、欧米の圧力が強まる中で、日本との関係を重視していたことが窺えます。

　しかし 1887 年には、王権の制限につながる新憲法を承認させられます。1891 年、カラカウア王はサンフランシスコ滞在中に急死し、リリウオカラニ

女王が即位します。女王は欧米人を排除した政権を作ろうとしたのですが、親米派の抵抗に遭います。

　こうした中、1893 年には親米派のクーデターが起き、サンフォード・ドール（パイナップルの缶詰で有名ですが、もともと宣教師の家系で、当時は最高裁判事でした）を首班とする臨時政府が樹立され、「ハワイ共和国」が宣言されます。この王朝転覆は当時のアメリカ本国でも問題になり、すぐには承認されませんでしたが、2 年後、ハワイの併合が議決されます。1897 年にアメリカ議会に提出された女王の抗議文は、このクーデターが不当で、国際法とキリスト教の神の双方に照らして信義にもとるものであると訴えています [16]。

　1900 年にハワイはアメリカの海外領土となり、第二次世界大戦後の 1959 年には、ハワイは 50 番目の州になります。ハワイ王国崩壊後のハワイ経済は、欧米資本による 5 大財閥（C・ブリューア社、ジャーディン・マセソン社、アムファク社、キャッスル＆クック（ドール）社、アレクサンダー＆ボールドウィン社）によって支配されることになります。1980 年代後半のバブル期には、日本資本によるゴルフ場やホテル、マンションなどの買収も進みました [17]。

4．先住民の権利と文化復興運動

ハワイアン・ルネサンス

　キリスト教の影響が強まった 1820 年代から、ハワイ土着文化の衰退が始まります。王朝の転覆と合衆国への併合以降、ハワイ文化は劣って消えゆくものであるという同化政策が強まり、学校教育ではハワイ語を話すことが禁じられました。ハワイ語は 1970 年代終わりには母語話者数が 2 千人（うち 9 割以上が 70 歳以上の高齢者）まで減少し、消滅の危機にさらされます [18]。

　こうした中で、人種差別に反対したアメリカの公民権運動などにも刺激を受け生まれたのが、「ハワイアン・ルネサンス」と呼ばれる文化復興運動です [19]。その潮流の一つは、伝統に基づく「フラ」（フラ・カヒコ）の再評価です。1963 年にカラカウア王を記念するメリーモナーク・フェスティバルが開催され、フラの競演が行なわれて、伝統に則ったフラが披露されました。

　1970 年には、ハワイ大学に民族研究学科が新設されます。この学科長に採

用されるのが、後に紹介する先住民運動家のハウナニ・ケイ・トラスクです。1978 年には、ハワイ先住民局（Office of Hawaiian Affairs: OHA）が設立されます。この OHA は先住ハワイ人の福利向上のために作られた組織で、政策提言や土地管理、コミュニティプログラムへの援助などを行なっています。

　滅亡寸前にあったハワイ語は、ハワイ文化復権運動の中で見直され、1978 年に英語と並ぶハワイ州の公用語になります。そしてハワイの歴史教育やハワイ語教育が熱心に行なわれるようになりました。

先住ハワイ人の主権回復運動

　先住ハワイ人の権利回復運動の象徴的存在となったのが、1975 年に起こったカホオラヴェ島奪還運動です。アメリカ軍の演習地として利用されてきたこの島には、先住ハワイ人の古代遺跡が存在しました。その演習を阻止しようと活動家が上陸するなどの激しい抵抗運動が続けられた結果、2003 年にこの島がハワイ州に返還されます。

　「カ・ラフイ・ハワイ」（「ハワイ国」の意味）は、先住ハワイ人による主権回復・国家内国家をめざした運動です。そこでは、ハワイの伝統文化である「マーラマ・アーイナ」（大地を慈しむ）という大地と人間の共生・協調関係が強調されています。

　ハワイ独立運動（ネイション・オブ・ハワイ）を進めている人物の一人に、バンピー・カナヒレ（Bampy Kanahele）がいます。彼は、ワイマナロ（オアフ島東海岸）の土地の返還（55 エーカー）を成功させ、「ランド・オブ・アロハ」と名付けています[20]。

　1993 年には王朝 100 周年記念式典が行なわれました。こうした先住ハワイ人たちの運動の成果もあり、その時 100 年前のハワイ王朝転覆に対し、当時の合衆国大統領ビル・クリントンによる公式謝罪が行なわれています。

5．先住民活動家トラスクの主張

　ハワイ先住民運動のリーダーの一人が、ハウナニ・ケイ・トラスク（Haunani-Kay Trask）です。彼女の本から、その主張を紹介してみましょう。

　トラスクはこの本で、自分が子どもの頃、両親から聞いたハワイ民族についての物語と、学校の先生や本からの話が全く異なるものだったと語りはじめます。家族（オハナ）からは、農作業や漁労の成果を分配し、歌や踊りを通じて民族への誇りを確認する豊かな暮らしをしていたという話を聞きます。しかし本や学者たちが書く歴史は、ハワイ先住民は読み書きができない淫らな人々であり、ハワイの王がすべての土地を所有し、封建的な制度の下で住民を隷属させていたというものです。トラスクは、ハワイ語の成り立ちからいって、土地は、後天的に獲得された所有関係（「私の品物」）ではなく、先天的な状態（身体や両親とおなじ）であり、大地は人間に内在的なもので、所有できないものだと主張します。しかし、西欧の歴史学者はハワイ語を学ぼうとはせず、植民者や宣教師が書いた（英語の）文字資料から歴史を解釈し、先住民の口頭伝承は証拠にならないと退けます[21]。

　トラスクは、観光開発がいかにハワイの文化や環境を蝕んでいるかについても、次のように鋭く批判しています。

　「古代からの先祖の埋葬地が、ガラスと鋼鉄製のショッピングモールに姿を変え」、「巧妙に灌漑されたタロイモ畑も…広大な駐車場の下に埋まっている」、「大きな湾には、ヘドロが沈殿し、ジェットスキーやウインドサーファーやヨットが所狭しと暴れまわっている」、「はっと息をのむほど美しい（しかし、すぐに汚されてしまう）ビーチには、高層のホテルから年間 600 万人を超す観光客が吐き出され、地元住民は近寄るすべを持たない…」[22]

　観光開発による自然環境の改変と先住民の文化景観の破壊に加え、トラスクが鋭く批判するのは、ハワイの文化が商品化され、利用されていることです。「たとえば相互的な愛と寛容という伝統的な価値を意味する『アロハ』という語は、今や自動車、水道管から証券、エアコンまで、あらゆるものを売り込むために使われている。ハワイ先住民でなくても、観光産業と政治家にせかされて、『心はハワイアン』に変身する…」[23]

　トラスクはこうした状況を「文化の売春」と呼びます。「オハナ」（家族）という言葉が、ディズニー映画「リロとスティッチ」のテーマになっていたことを思い出す人もいるでしょう。ディズニーのキャラクターが勝手に利用されると法律違反で訴えられますが、先住民の文化が流用され商品化されても、知的

財産権の侵害にはならないのです。

　「経済の面で言えば、先住民 1 人に対して観光客が 30 人という統計は、土地や水、公共政策、法律、一般の人々の政治に対する考え方などが、観光産業の浮き沈みに左右されることを意味している。外国人が押し寄せることによって、この私たちのふるさとで、先住民自身が肩身の狭い思いをしなければならなくなっている」とトラスクは語ります[24]。

 【コラム】観光とツーリズム産業の構造

　私は「観光」を、「余暇を楽しむ経済的余裕のある人が、日常の生活圏を離れて移動し、金銭的な対価を支払って、非日常的体験を楽しむ行為」と定義しています。観光のパラドックスは、観光の大衆化・集合化とともに、観光客が観光される対象（自然環境・建造物・人・文化…）に向けるまなざし（視覚的消費）が、人為的な場所の構築（演出や環境破壊）をもたらしてしまうことです[25]。

　単なる「旅」とは異なり、「観光」には必ず金銭が介在します。金銭の支払いは、観る者と観られる者・物との間に権力（強者と弱者）を生みます。観光という行為には、観る側（ゲスト）と観られる側（ホスト）だけでなく、その間に介在する観光（ツーリズム）産業の構造を考えに入れる必要があります。

　ハワイに観光客が来なくなったら、ハワイの人が困ると思うかもしれません。たしかにハワイは、観光産業に大きく依存していますし、先住ハワイ人の中にも利害が異なる人が存在しています。しかし問題は観光収入の分配の構造です。

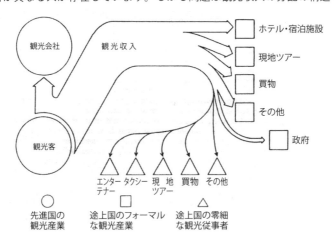

　観光（ツーリズム）産業の模式図を見てください[26]。私たち日本の観光客が
まずお金を支払うのは、JTB や HIS といった国内の旅行代理店でしょう。利用す
る航空会社やホテルも、JAL やヒルトンといった先進国の大企業であることが多
いと思います。実は私たちが支払う観光代金の大部分は、先進国内に落ちてい
ることがわかります。現地で支払うのはショッピングモールやレストランなど
ですが、これは地元（時には海外の多国籍企業）の大資本の経営によっています。
ハワイに観光に行っても、ハワイ先住民の人々の多くが従事するのは、ホテル
のボーイやウェイトレス、観光客にフラダンスを見せるショーなど限られた職
種で、限られた収入を得るにすぎません。

6．ハワイは誰のものか

文化を語る権利

　トラスクは、ハワイを研究する文化人類学者たちが、先住民の運動が主張す
るハワイ文化の固有性を否定し、歴史的に構築されたものとしていることも批
判しています。近年の人文社会科学では、ある文化の本質が昔から変わらない
というような考え方（本質主義）を批判し、歴史的に作られ変化してきたもの
と捉える考え方（構築主義）が主流となっています。しかし先住民活動家の立
場からいえば、それは自らが取り戻そうとする文化の固有性と価値を否定され
たと映ります。一方、研究者の側からいえば、トラスクの議論は、よそ者には
ハワイの文化を語る資格がないという主張にもつながります。これは文化相対
主義の視点から他者の文化を研究し、自己の文化を批判的に検証してきた文化
人類学の立場を根底から否定するものになります[27]。それは、文化を語る権
利は誰にあるのかという困難な問いでもあります。

ハワイの土地

　「先住ハワイ人」とは、公式には、クック来訪以前にハワイにいた人々の血
を 50％以上保有している人のことです。トラスクやバンピーたち、ハワイ独
立運動を主導している先住ハワイ人たちは、ハワイの土地は先住民に還すべき
と主張してきました。

　一方で、先述したように、ハワイは多文化社会であり、たくさんの移民が暮らしています。「カマアイナ」という言葉があり、出自ではなく生活する「場所」を共有する郷土意識もあります。エスニック集団間の通婚も進み、「混血」人口が多く、エスニック集団間の境界が低く、それぞれの固有性をとどめながら融合し、まとまり合っているのが特長でもあります。

　その中で新たなアイデンティティも生まれてきています。たとえば日系人の中でも、沖縄出身の3世たちは、自らを「オキナワン」と称して、エイサーやボンダンスなどを通じて、ハワイ在住の他の民族集団にも開かれた異種混淆の機会を創り出しています[28]。

　ハワイの土地は誰も所有できないとすれば、それは西洋近代的な「所有」（所有権を持たない者を排除する権利を持つ）の観念への根源的批判につながります。そこには、包摂と混淆というオセアニア社会の倫理をより価値のあるものとする主張が含まれています。しかし一方で、現実のハワイ社会において海外あるいはそれに起源をもつ人々の経済支配と、それに基づく圧倒的な格差の存在の中で、包摂と混淆を主張することは、マイノリティにとって社会的格差の再生産につながりかねないというジレンマも抱えています。

☞ **本章の問い**：①先住民活動家トラスクの主張を、あなたはどのように受け止めますか？　②あなたがハワイを訪れるとしたら、どのような観光（旅）をしたいですか？

第6章　アボリジニからみたオーストラリア

　オーストラリアらしい風景とは何でしょう。シドニーのオペラハウスや、グレートバリアリーフを思い浮かべるかもしれません。しかし、アウトバックと呼ばれる乾燥した内陸部の大地が、現代のオーストラリアのナショナルなアイデンティティと結びつく風景です。そしてそこは、先住民アボリジニ（Aborigines）[1] の人々の空間でもあります。

　2000年のシドニー・オリンピックの開会式では、白人の少女がアボリジニの男に出会い、その歴史に導かれるという演出がなされました[2]。後ろ手に縛られ身体を白く塗ったアボリジニたち（抑圧・迫害の象徴）から、赤や黄の旗を持ったアボリジニたち（多様性・権利主張の象徴）に変わり、咲き乱れる花はアボリジニのドリーミングの思想を感じさせました。競技では、アボリジニの女性陸上選手キャシー・フリーマンが、期待通り400mで金メダルを取り、オーストラリア国旗とアボリジニの旗の両方を身にまとってトラックを1周しました。このシドニー・オリンピックは、マジョリティの社会とアボリジニとの和解が重要なテーマでした。アボリジニは、オーストラリアという国家のアイデンティティとも強く結びつく存在になっていることがわかります。

1．アボリジニとオーストラリア植民の歴史

　アボリジニは、5〜6万年前からオーストラリア大陸に居住していた先住民です。オーストラリア大陸の多様な環境（北部は亜熱帯、中央部は乾燥した沙漠、南部は温帯）に適応し、数百を超える言語集団が、採集狩猟を中心とした生活を営んできました[3]。

　アボリジニの人々は、森や草原に火を放ち、新芽の再生や新種の侵入を促し食料資源を確保するというやり方で生態系を管理してきました。これは「燃え木農業」（fire-stick farming）と呼ばれます。野焼きによって、大規模な山火事

を防ぐとともに、生物の多様性が守られるのです (4)。

ドリーミング

　アボリジニの人々には、「ドリーミング」と呼ばれる独特の世界観があります。ドリーミングを一言で説明するのは難しいのですが、祖先の動物や植物、大地や岩山とのつながりを語る神話であり、自らがどこからやってきたかという系譜でもあり、また周囲の環境との結びつきの中でどんな風に生きていくべきかという指針を与えるものであります。

　アボリジニのある長老は次のように語ります。

　「アボリジニの人々は、あらゆる自然と特別なつながりを持っている。アボリジニは自分たちを自然の一部だと考える。われわれはすべての自然をわれわれの一部だと考える。地上のすべてのものを人間の一部だと考える。これは、ドリーミングの思想をつうじて語られている。ドリーミングとは、つまり、大昔の生き物たちが人間社会をはじめたという信仰のことだ。こうした生きものたち、偉大な創造主たちは、そのはじまりと全く同じように今日でも生きている。」(5)

　また別の男性は、次のように言います。

　「ドリーミングは、それが魚でも、鳥でも、男でも、女でも、動物でも、風でも、雨でも、われわれの祖先だ。法をつくったのは、こうしたドリーミングだ。カントリーにあるすべてが法をもっている。すべては儀式を持ち、歌を持ち、それと結びついた人々を持っている。（中略）われわれは、カントリーとドリーミングの生命を維持する。これが一番肝心なところだ。カントリーや、ドリーミングや、法や、人々を大切に維持しなければならない。変更するわけにはいかない。法は、世代から世代へと伝えられてきたもので、それを今後も維持しつづけ、大切に保持することがわれわれの仕事である。」(6)

　地形としてのドリーミングは、祖先と結びつく歴史であると同時に、生ける世界を維持するための倫理的行動規範であり、したがって現在と潜在的な未来を含み込むものです。アボリジニの人々は日常的に広範囲の移動をするのですが、それは人々がカントリーと呼ぶ広々とした生命の大地こそが彼らのホーム（我が家）であり、それを訪ね歩くことで世界を維持しているからです (7)。しかし、これは入植者である西洋人には理解不能な思想でした。

西洋人にとっての土地・アボリジニにとっての土地

　西洋近代の考え方によれば、土地は何よりも生産手段です。土地は所有され、所有者は、他者の立入りや利用を排除し、売買する権利を持ちます。土地の価値は、そこで行なわれる経済活動の価値によって測られます。もし同じ価値を持つ土地があれば、それは交換可能です。

　これに対して、アボリジニの人々にとって土地とは、そこからすべてのものが生み出される源です。採集狩猟で利用されはしますが、分割や売買はできません。土地の価値は、それが自らと祖先とのつながりを示すものであることによっており、自己の存在証明です。したがって、他の土地と取り換えることはもちろん不可能です。しかし、植民地化以降、外見は広大な荒れ地にしか見えないオーストラリアの大地は、「無主の土地」として入植者に占有され、アボリジニはそこから追われていくことになります。

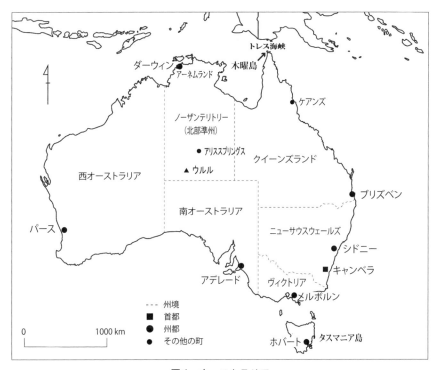

図1　オーストラリア

2．植民地化とアボリジニ社会の変容

　1788 年、アーサー・フィリップが現在のシドニー近くのボタニー湾に、イギリスからの流刑囚を連れて入港します。オーストラリアの入植の開始です。

　入植者の増加につれて、アボリジニとの衝突も頻繁に起こるようになり、アボリジニの人々は生業とドリーミングの基盤であった土地を失っていきます。入植者からは、「醜い」アボリジニという表象が支配的でしたが、一方で性的対象ともなります[(8)]。なかには入植者の牧場の牧夫や雑役夫として働くアボリジニもいましたが、生活と信仰の基盤である土地を失い、病気の蔓延や希望の喪失などが重なって、植民地化前には 30 万人から 100 万人ほどだったと推測されるアボリジニの人口は、1901 年には 9 万人にまで減少します[(9)]。

盗まれた世代

　こうした状況の中、アボリジニには「滅びゆく民族」というレッテルが張られる一方で、保護・隔離政策が取られるようになります。アボリジニを保護地区に隔離するとともに、キリスト教宣教師などの白人保護官の監視下に置きます。また、混血のアボリジニについては、親元から引き離し、白人管理の施設や寄宿舎に入れたり、白人家庭の里子に出すなどの強権的な同化政策が取られます。このようにしてコミュニティから強制的に切り離され、文化を失った子供たちは「盗まれた世代」と呼ばれ、その割合は、1910 年代から 70 年代にかけて 10％から 30％に及んだといわれます[(10)]。

　この「盗まれた世代」を描いた物語として『裸足の 1500 マイル』（2002 年）という映画があります。これは、地元のコミュニティから拉致され、寄宿舎に入れられた 14 歳の少女モリーが、幼い妹を連れて脱走し、沙漠を越え 1,500 マイル（2,400 km）を歩いて親元に帰るという実話に基づく物語です。モリーはコミュニティに戻り、結婚して子供を産むのですが、その後再び 2 人の子供とともに拉致されて、また同じ距離を歩いて脱出します。原作者ドリス・ピルキングトンはこのモリーの娘ですが、2 度目の脱出の時に母親と生き別れ、白人家庭の下で育って教育を受けて、この物語を書き表すことになります。

【コラム】先住民としてのアイヌ

先住民の定義

　「先住民」は英語で indigenous people、あるいは first people です。native という言葉は、今では日本語の「原住民」同様、差別的なニュアンスを含むということであまり使われません。「先住民」の定義には、国際的な統一見解は存在しません。スチュワート・ヘンリによれば、「先住民」の指標は 4 つです[11]。第 1 に「先住性」：すなわち 15 世紀末以降、主にヨーロッパが植民地化した地域における原住者、もしくは原居住域から強制移住させられた集団とその子孫。第 2 に「被支配性」：独自の生活様式を享受できない植民地的状況、劣位の社会的・法的状況に置かれていること。第 3 に「歴史の共有」：歴史的な居住地、現在の生活根拠地において、原住者の子孫と歴史的連続性を持つこと。そして第 4 に「自認」：自らを先住民と認識すること、です。国際的に先住民運動が活発化するのは、1970 年代からのことです。1995 年から 2004 年は「世界先住民の 10 年」で、2007 年には先住民の権利に関する国連宣言が出されました。

アイヌの歴史と現在

　日本のアイヌは、北海道、サハリン（樺太）、クリル諸島（千島列島）に居住してきた先住民です。アイヌとは、「人間」の意味です。アイヌの人々は、採集狩猟を生業とし、クマやサケなどの動物や植物から、山、空、川などの自然まで、すべて人間と関わるカムイ（神）の化身として親しみ畏敬して暮らしてきました。

　明治以降、日本政府は北海道開拓を進め、アイヌの土地や漁場は植民者の手に渡り、生活は困窮します。1899 年に「旧土人保護法」が制定されますが、採集狩猟は禁じられ、同化政策の中で、アイヌ語も伝統文化も奪われていきます。国際的な先住民運動の潮流の中、アイヌの国会議員・萱野茂氏の尽力で 1997 年に旧土人保護法が廃止され、アイヌ文化振興法が制定されます。2008 年には国会で、アイヌ民族を先住民族とする議決がなされます。

　しかし今、日本にどれだけアイヌの人たちがいるのかその数は不明です。長い差別の歴史の中で、アイヌと名乗ることを躊躇する人が多いからです。2020 年に北海道白老町に民族共生文化施設（ウポポイ）が作られましたが、日本の社会では、多様な文化の一つとして承認されても、先住民としての権利の回復や迫害の歴史への反省はまだ十分共有されていないようです[12]。

3. 白豪主義から多文化主義へ

連邦の成立と白豪主義

　オーストラリアの多数派社会に目を向けてみましょう。1950年代から始まるゴールドラッシュを契機に、オーストラリアの経済は大きく拡大し、自由移民が増大し、中国人移民も増加します。クイーンズランドのサトウキビ農園にはメラネシアからの移民が、北部の木曜島には日本人移民もやって来ます。

　経済発展とともに、生活水準も上昇し、政治的自立の意識も強まります。1901年には、ニューサウスウェールズ、ヴィクトリアなど複数に分かれていた植民地が連邦に統合されます。同時に導入されたのが、非ヨーロッパ人への移民制限法でした。そこには白人労働者の生活水準を守ろうという意図がありました[13]。他地域からの移民を巧妙に排除する書き取り試験が導入され、西ヨーロッパからの移民だけを受け入れる「白豪主義」が成立します[14]。

　この白豪主義が転換するのは、第二次世界大戦後のことです。北部の町ダーウィンが爆撃されるなど日本軍に領土を脅かされたオーストラリアは、国土防衛と戦後の経済復興のため、多くの移民を受け入れる方向に舵を切ります。

　まず受け入れたのは、南欧・東欧からの移民と難民でした。そして1960年代に入ると、インドシナ難民を含むアジアからの移民を積極的に受け入れていきます。その背景には、オーストラリアがヨーロッパから、身近なアジア太平洋との経済・政治関係を重視したことが大きく作用しています。

多文化主義への転換

　戦後から1950年代までは「同化」（assimilation）政策が取られ、移民たちは、マジョリティ（英国系）の言語・文化への同化を促されました。しかし、南欧移民は同化には消極的で、うまくいきませんでした。

　1973年、ホイットラム労働党政権は、白豪主義の完全廃止と多文化主義（multi-culturalism）の採用を宣言します。そこで謳われたのは、文化的多様性の承認です。個人・集団が持つ固有の文化を尊重し、文化的相違が不利にならない公正な社会をめざすというのが多文化主義の理念でした。ホイットラム政

権下で移民大臣を務めたアル・グラスビーは、学校教育の場などを通じたマジョリティの自民族（英国系）中心主義と無意識の「人種差別」克服の実践を詳細に語っています[15]。

多文化主義政策

多文化主義には3つの柱があります[16]。

第1に、エスニック・マイノリティ（非英語系移民・難民）の文化・言語を尊重し、維持・発展を求めることです。エスニックコミュニティの承認と財政援助、エスニックメディア・ビジネスへの支援などが行なわれます。

第2に、エスニック・マイノリティの社会・政治参加の促進です。そのための施策としては、ホスト社会の言語・文化についての無償教育サービス、通訳・翻訳サービスの実施、永住者・長期滞在者への地方選挙権付与、人種差別禁止法・人種差別的中傷罰則法等の制定、などが挙げられます。たとえば、英語学習プログラムでは、到着して間もない移民を対象に、最高510時間の英語学習が、一定の要件を満たせば無料で提供されました。通訳・翻訳サービスは原則有料ですが、24時間、130以上の言語に対応しています。

第3に、ホスト社会の人々への啓蒙です。その中には、学校・企業・公共機関での異文化間コミュニケーション教育や人権・反差別教育などが含まれます。特に大きな役割を果たしているのが、SBS（Special Broadcasting Service）という国営テレビです。私が1990年代にオーストラリアに滞在した時は、早朝に日本を含む各国のニュースが紹介され、インド系の男性と中国系の女性キャスターといった組み合わせで独自のニュース番組があり、夜には毎日、非英語圏の映画を観ることができました。SBSはたしかにホスト社会の人たちに、「オーストラリアの人々の文化的、言語的、民族的な多様性についての理解と受容を促進する」（SBS実務規則より）ものになっていたと感じます。

主流社会が、多文化主義を通じて同化から多様性の承認に向かったことは、先住民アボリジニへの対応にも変化をもたらすことになります。

4. アボリジニの権利回復運動

土地権の回復

　アボリジニの境遇と入植者の関係性は、地域によっても異なります。土地が奪われ、アボリジニの人々の生活が破壊された南部では、都市部で教育を受けたアボリジニの人々が非アボリジニの市民団体と共同して、市民権の獲得運動が行なわれます [17]。一方、アボリジニ人口が多い北部では、キリスト教教会との関係が深く、中には保護だけでなく、アボリジニ文化への積極的な理解を示す宣教師たちもありました [18]。

　1966年に北部準州（ノーザンテリトリー：NT）のグリンジの牧場で、アボリジニの牧夫たちがストライキを起こします。待遇改善の要求は、牧場がある祖先からの土地の返還運動へと発展していきます。1976年には、NTのイルカラのアボリジニが、ボーキサイト鉱山開発差し止めの運動を起こし、宣教師の支援も受けて裁判に訴えます。結果は敗訴でしたが、こうした主張を受けて、同年NTで「アボリジニ土地権法」が成立します。そして1977年には、NTの北端にあるアーネムランドが保護区からアボリジニ領となり、現在ではNTの50％の土地がアボリジニの所有となっています。1985年には、かつてエアーズロックと呼ばれたウルルも、地元のアボリジニの人々に返還されました。

　1988年にはオーストラリア建国200年が祝賀されますが、これに対しアボリジニの人々は抗議運動を行ないます。入植200年は、アボリジニにとっては侵略と収奪の200年だったからです。そこで掲げられたのが「白いオーストラリアに黒い歴史あり」というスローガンでした [19]。

　1992年には、オーストラリアとパプアニューギニアの間のトレス海峡諸島の住民が起こした裁判で、先住民の土地・水域への権利（先住権限 native title）を認める画期的な判決（マボ判決）が出されます。それにより、これまで「無主地」を領有してきたというオーストラリア植民の歴史が、根底から覆されることになりました。この判決を受け、1993年に、アボリジニの慣習法に基づく土地管理・利用に法的根拠を与える「先住権限法」が制定されます。私有地と農地は先住権限が消失したとされ、そのための補償手続きも定められます（た

だし 1998 年にこれを制約する「先住権限修正法」が成立します）。

　1990 年にオーストラリア国立大学に滞在していた時、私はオーストラリア地理学会の大会に参加して、アボリジニ地名をめぐる発表を聴きました。驚いたのは、植民者が付けた既存の地名が積極的にアボリジニ地名に改変され、その根拠に、アボリジニ地名の方が歴史が長いというだけでなく、アボリジニの人々の方が植民者より土地との深い関係を持っているという価値判断が挙げられていたことです。「我々の地名は誤ってつけられたのだろうか」という報告者の問いは、オーストラリアの植民史を根源から揺さぶるものでした。

和解と謝罪

　1991 年には、アボリジニとの和解をめざした和解評議会が設立され、1997 年には「盗まれた世代」の報告書が公表されます。しかし当時の自由党のジョン・ハワード政権は、過去の出来事に対して現在の人間は責任を負うものではないとして、公式謝罪を拒否します。その背景には、グローバル化の中で新自由主義的な方向性が強まり、社会福祉に依存するアボリジニや移民への政府支出を削減しようとする政権の方針がありました[20]。

　2000 年には和解評議会が最終提案を公表し、25 万人がシドニーのハーバー・ブリッジを渡る「和解への行進」があり、シドニー・オリンピックが開催されます。2008 年には労働党のケヴィン・ラッド首相が、「盗まれた世代」への公式謝罪を行ないます。謝罪にあたってラッド首相は盗まれた世代の公式報告書を丁寧に読み、代表と対話しています。5 月 26 日は「国民謝罪の日」(National Sorry Day) に定められました。アボリジニへの過去の不正義に対する謝罪の気持ちは、広く国民に共有されているといえます。

5．先住民アボリジニの現実と多文化主義の将来

アボリジニ社会の現実と課題

　オーストラリア先住民（トレス海峡諸島民を含む）の人口は 80 万人（自己申告制）で、オーストラリアの人口の 3.3％を占めています。そのうち、私たちがアボリジニらしい生活風景としてイメージする最北部や中央沙漠などの遠

66

隔地に暮らす人々は 15％に過ぎません。遠隔地でも、多くの人は、学校や公共施設、スーパーマーケットなどが備わった小さな町で、近代的な消費物資を得て暮らしています。一方で、社会福祉補助金への依存、飲酒、家庭内暴力などの社会問題も抱えています。そこにはジェンダーによる差も見られます。学校を中退してしまう男子が多いのに対し、女性は高等教育を受け、より安定した職業に就くようになっています(21)。

　都市に住み、混血が進んで多数派の白人の生活様式や規範を身につける人々が多くなる中、住宅や奨学金取得での先住民の優先政策をめぐって、誰が「本物のアボリジニ」なのかという問題も生じています。先住民の権利復興運動の中で、多数派社会においてもアボリジニの文化が学ばれるようになりますが、逆にアボリジニの固定観念を強化してしまい、現実の多様性を見失わせることにもつながります。遠隔地に住み肌の黒い人が本物のアボリジニという認識が、アボリジニの人々自身をも拘束するものになってしまうのです(22)。

多文化主義の成果と課題

　オーストラリアの総人口 2,500 万人（2018 年）のうち 28％が海外生まれで、両親のどちらかが海外生まれの移民 2 世が 46％を占めます。移民国家オーストラリアの中で、多様性の承認と多文化主義による社会の統合は、オーストラリアという国家のアイデンティティと活力を作り出してきたといえるでしょう。

　新たな課題もあります。1970 年代の多文化主義は、マイノリティを援助し社会的公正を目指す福祉国家的性格が強かったのですが、1990 年代後半からは、次第に新自由主義的な性格が強まっていきます。先述したハワード政権（1996 〜 2007 年）は、選択的移民、すなわち資本や専門知識・技術を持つ移民を積極的に受け入れる一方、経済貢献の少ない移民や難民は制限あるいは排除するという方向性を打ち出します。

　2001 年以降は、船でやって来る難民を、入国させず、ナウルやパプアニューギニアのマヌス島に収容するパシフィック戦略と呼ばれる政策が取られます。難民認定の困難さや収容の長期化など、多くの問題を抱えています(23)。

　多文化主義が移民の文化的差異を尊重するあまり、エスニックな本質主義に陥り、国民統合を妨げているという批判もあります。近年の新自由主義的な移

民政策が、個人に重点を置き、オーストラリア的価値観の共有を国籍取得の条件に加えているのは、この批判をふまえているとも言えます。

　個人がハイブリッド（異種混淆）なコスモポリタンになるというのはひとつの理想形です。しかし多くの移民にとって、いきなり自立してコスモポリタンになることは困難です。エスニック集団や同郷者のネットワークは社会に適応していく上で重要な資源ですし、マジョリティに対し権利主張をする拠り所ともなります。エスニックな資源を生かしながら、その蓄積を生かして経済的・社会的地位を獲得した個人が、他の集団や人々と相互作用しながら、多数派社会への同化ではなく、多文化的な公共圏を作っていくというのが、望ましい姿でしょう[24]。

　オーストラリアが国家のアイデンティティとして多文化主義をめざす時、受け入れる側（マジョリティ）の「寛容」さが強調されます。しかし精神分析人類学者のハージは、寛容さが白人オーストラリア人にのみ許された権利だとすれば、許容限度を超えた移民を排除するという不寛容の権利（権力）も同時に与えられていると指摘します。そこには、依然として「ホワイト・ネイション」（白人優越の国家）の幻想が生き続けていることになります[25]。

　アボリジニの側からも、多文化主義に対してしばしば批判的なまなざしが向けられます。それは新しくやってきた移民と、自分たち先住民を同等の位置において、多様なオーストラリアが演出されているという懸念からです。

　「白人」と「先住民」、受け入れる側と受け入れられる側という力関係を乗り越えるのはなかなか容易なことではありません。制度や権力に強いられてではなく、異なる他者同士が対等な立場で不断に対話することで結びつくような関係性（コスモポリタン・マルチカルチュラリズム）[26]が期待されます。そうした方向性を示すものとして、都市の貧困地区に居住するアボリジニと、主流社会から周縁化された白人や移民・難民との間に連帯が生まれているという報告もあります[27]。そこには、場所を介した新たなアイデンティティの構築の可能性が見いだせるかもしれません。

☞ **本章の問い**：①ハワイと比較して、アボリジニとオーストラリア社会の関係性にはどんな特徴があるでしょう？　②オーストラリアの多文化主義から日本が学ぶことは何だと考えますか？

第7章　マオリからみたニュージーランド

1．ニュージーランドの景観

　ニュージーランドと聞いてまず思い浮かべるのは、広い草原の牧場に羊が群れている風景でしょう。実はこれは、もともとのニュージーランドの風景ではなく、人為的に作られたものです[1]。

　今から700年以上前、ポリネシアの人々が渡ってきたとき、ニュージーランドは森林に覆われていました。ニュージーランドのシンボルはシダの文様で、ニュージーランド国営航空の尾翼にも、有名なラグビーチーム、オールブラックスのユニフォームにも描か

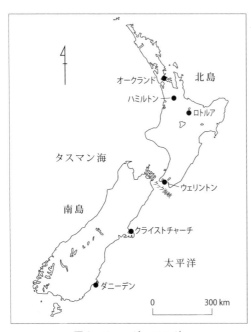

図1　ニュージーランド

れています。このシルバーファーンと呼ばれるシダは、森林の下の日の当たらない地面に育つ植物で、草原には生育しません。つまり、森林に覆われていたころのニュージーランドの原風景を象徴するものなのです。先住民のマオリ語で、ニュージーランドは「アオテアロア」と呼ばれます。これは「長く白い雲がたなびく国」という意味です。

　ニュージーランドの面積は27万km²で日本の4分の3あります。しかし人口は470万

人（2018 年国勢調査）です。温暖な気候ですから、空間的には余裕のある国で、旅行で車を走らせているとそのことを実感します。人口構成は、ヨーロッパ系が 70％、先住民のマオリ系が 17％、太平洋島嶼国系 8％、アジア系 15％，その他 3％（2018 年国勢調査、複数回答）となっています。

　現在のような景観が生まれたのは、植民者による開発が進んでからです。1840 年に国土の 50％を占めていた自然林は 23％にまで減少し、現在は国土の50％が牧場や牧草地です(2)。原植生のカウリの木は、成長が遅く大変密度の高い材質のため、船などの建材に重用され、伐採されていきます。北島のワイポウアの森（保護林）には、樹齢 2,500 年と推定されるカウリの木があります。この木はマオリ語でタネマフタ（森の神）と呼ばれ、マオリの創世神話にも登場します。

 【コラム】アーダーン首相

　ニュージーランドは世界で初めて女性に参政権が与えられた国（1893 年）として知られ、近年女性の首相が多く生まれています。2022 年現在、ニュージーランドの首相を務めているのが、ジャシンダ・アーダーン（Jacinda Ardern）という女性です。1980 年生まれ、2017 年 10 月に首相に就任した時、まだ 37 歳という若さでした。彼女は 3 カ月後に妊娠を発表しますが、まだ事実婚の状態で出産し、6 週間の産休を取得します。そして 2018 年 9 月には、国連総会に生後 3 カ月の子供を連れて参加し、話題になりました。この時、首相の演説中に子供の世話をしていたのは、パートナーのゲイフォード氏（2019 年 5 月に正式に婚約発表）でした。

　2019 年 3 月にはクライストチャーチで、51 人が死亡するモスク銃撃事件がおこります。彼女は黒いスカーフを被って犠牲者の遺族に寄り添い、慰めるとともに、すぐに銃の規制を決めます。2020 年からのコロナ禍では、毎日 Facebook で、カジュアルなホームウェア姿でライブ配信して、国民と対話を欠かさず、一時感染者をゼロにまで抑え込み、信頼を得ました。

　首相が未婚の母で産休を取るというのは、日本では考えられないでしょうが、それを許容するところにニュージーランドらしさが表れているように思います。

2．先住民マオリの社会と植民地化の歴史

先住民マオリの文化と社会

　「先住民マオリ」とは、西洋人の渡来以前からこの地に居住していたポリネシア人を指します。2018 年国勢調査では、マオリの人口は 78 万人（マオリの祖先をもつ人口は 87 万人）です。かつてはマオリの血を半分以上継ぐ者が「マオリ」でしたが、1974 年に改訂され、「マオリに属する者およびその子孫」となりました[3]。マオリとは、マオリ語で「ふつうの」「正常な」という意味です[4]。これに対し、白人は「パケハ」（変わった / 変な奴）です。

　マオリの文化の中で有名なのが、民族ダンス「ハカ」でしょう。もともと戦いを鼓舞する踊りですが、歓迎にも用いられます。これはラグビーのオールブラックスが、試合前に行なうパフォーマンスとしてよく知られています。

　マオリは、13 世紀から 14 世紀頃にかけて、伝説上の故郷の島ハワイキから、カヌー船団で移住してきました。このハワイキは、現在のクック諸島あたりだと考えられています。マオリの社会構造は、この「歴史」に由来しています。最大の社会単位が「ワカ」（大船団）で、ワカを始祖とする一族をイウィ（部族）と言い、ハプ（準部族）、ファナウ（拡大家族）が連なります。人々は移住後は、まず豊かな森林環境で得られる産物に依拠して採集狩猟で暮らし、その後、タロ、ヤム、サツマイモなどの農耕に転じます。

　先住ハワイ人やアボリジニの人々と同様、マオリも土地を所有せず、大地に属しているという考え方を持っています。大地はアイデンティティの源であり、土地だけでなく生態系すべてを包括的に含み込むものでした。ファカパパと呼ばれる系譜は、人々にとって、鳥・魚・動物・植物、土壌や岩や山、そして精霊まで森羅万象すべてとのつながりを知ることのできるものでした。土地は、個人ではなく、イウイやハプといった共同体が占有し、それぞれが必要な間だけ利用する仕組みになっていました[5]。

植民者の到来とワイタンギ条約締結

　ニュージーランドという名前は、1642 年、オランダのタスマンが「ゼーラ

ンディア・ノヴァ」と名付けたことに由来しています。1769 年には、クックが北島に初上陸し、海岸線の地図を作成しています（彼の名は、北島と南島の間のクック海峡に残っています）。

　西欧諸国から商人や宣教師たちがこの地にやって来るようになり、銃がマオリ社会に流通して、もともと存在した集団間の戦争が激化します。それにより戦死者が激増し、西欧人の持ち込んだ病気の流行も加わって、マオリの人口は減少していくことになります。

　1838 年には、イギリスのウェークフィールドが、移民を募るためにニュージーランド会社を設立し、翌年クック海峡を挟む北島・南島にまたがる 2000 万エーカー（8.1 万㎢）という広大な面積の土地を、銃数百丁、火薬 80 樽、毛布 300 枚、その他の雑貨などの破格の値段で「購入」します[6]。これは、土地所有という観念のないマオリの人々にとっては、おそらく一時的な利用権を与えたくらいの意味だったでしょう。

　こうした状況の中で、1840 年にワイタンギ条約が結ばれます。これは、イギリス国王の代理人のウィリアム・ホブソンが、駐在事務官バズビーの仲介により、ワイタンギでマオリの首長たちとの間に結んだ条約で、これにより植民地国家ニュージーランドが誕生したとされます。この条約は 3 つの条文から成っています。第 1 条は主権をイギリス国王に譲渡すること、第 2 条はマオリ所有の土地・森林・水産資源などの権利がイギリス国王により保障されること、そしてそれらについてイギリス国王に先買権があること（後に破棄）、第 3 条としてマオリにイギリス国民としての保護・特権を与えるというものでした。

　この条約は英語版とマオリ語版が作られたのですが、両者の間には齟齬がありました。マオリ語版では第 2 条の「国王」が「ランガティラタンガ」（首長）となっていて、マオリの人々からみれば、これは伝統的な資産が首長の権限の下で守られると解釈されたに違いありません[7]。

植民地政府との戦争と土地喪失

　条約締結後、さらに多くのマオリの土地が「購入」され、失われていきます。1848 年には南島の半分の面積の土地が、わずか 2 千ポンドで購入されます[8]。こうした状況に対して、1858 年、マオリの人々は団結して、マオリの

「王」を打ち立て、土地売買を禁じます。2年後、土地戦争が始まり、植民地政府は、戦争に参加したマオリたちを「反乱民」と見なし、土地を没収していきます。この戦争は、1881年にマオリ側の敗北で終わります。

さらに1865年の「原住民土地法」は、イギリス国王の先買権を廃止するとともに、マオリに土地を登録させ、相続にあたっては個人への分割を推し進めることで、共同体的な土地所有を解体し、土地の買収を容易にするものでした。

第2章で述べたように、在野の地理学者だった志賀重昂は、1886年にニュージーランドで、マオリの酋長ウィタコ氏を訪ねています。ウィタコは志賀に「日本はイギリスと戦ったことがあるか」と尋ねます。志賀は小さな戦いはあったが、大きな戦いはなく独立を失うことはなかったと答えます。それに対し、ウィタコは「自分たちはイギリスと何度も戦った結果、今のように土地を奪われ、力を失った」と慨嘆します。こうした欧米の植民地主義への警句は、志賀が帰国後『南洋時事』[9]を著す動機づけになりました。

マオリ社会の衰退と変容

マオリの人口は、1858年には5万6千人で総人口の49%を占めていましたが、入植者が増加する一方で、1896年には4万2千人（5.6%）に減少します。土地の面積も全土のほとんどがマオリの土地だった1840年前後から、1860年には2,140万エーカー（国土の32%）、1920年には478万エーカー（7%）にまで減少していきます。さらに同化政策、キリスト教化がすすめられ、誇りを失い、「滅びゆく民族」とまで称されるようになります[10]。

そうした中で、1867年にマオリ選挙法が制定され、マオリ男性に選挙権と4つの特別枠議席が与えられることになりました。また2つの大戦では、マオリ志願兵による「マオリ大隊」が活躍し、マオリ復権運動の下地となります。

第二次世界大戦後、都市に移住するマオリの人々が増えます。1945年には4人に3人が農村部居住でしたが、1970年代半ばにはこの比は逆転します[11]。そこには、人々が現金収入を必要として賃金労働に参入したことと、都市の消費文化の魅力がありました。しかし都市というパケハの空間の中で、低賃金の職にしかつけないマオリは差別と葛藤に悩むことになります[12]。

3．マオリの復権運動とマオリ語教育

マオリ復権運動

　ニュージーランドでは、1970年代から太平洋諸島からの移民が増大します。それと同時に、マオリ復権運動が進展していきます。その画期となったのは、女性リーダーのフィナ・クーパー（Whina Cooper）が率いた、1975年のマオリ・ランド・マーチでした。これは彼女の出身地である北島北端から、北島南端の首都ウェリントンの国会議事堂まで、1ヵ月かけて歩き通して、マオリの土地権の復活を唱えた運動で、行進はパケハも含め数万人が参加しました[13]。

　この運動の成果もあり、同年には、ワイタンギ条約法が制定されます。これにより、ワイタンギ条約の齟齬が認められ、マオリの土地権の審議をするワイタンギ審判所が設立されました。現在多くの土地がマオリの人々から不法略奪として訴えられ、土地権の回復が審議されています。

　マオリ語の復権も進められています。1974年に「修正マオリ問題法」が成立し、マオリ語が先祖伝来の言語と認められます。1987年には、マオリ語が公用語となり、公文書での英語とマオリ語の2言語表記が定められます。マオリ語だけで教える幼稚園（コハンガ・レオ）も創設されます。1980年代からは、ニュージーランドは公式に「二文化主義」を謳うようになります。

　一方、都市に住むマオリの中には、自分が所属する部族（イゥイ）が不分明な人々も多くなりました。これはマオリとしてのアイデンティティの希薄化を意味します。そうした中で、伝統的な部族集団にとらわれない、「ジェネラル・マオリ」という主張も生まれてきています[14]。

マオリ語教育とマオリの知

　マオリ語教育を行なう機関としては、コハンガ・レオ（5歳未満の子供をマオリ語のみで保育する施設）のほか、クラ・カウパパ（マオリ小学校）があります。前者は767園あり1万6百人（就学前のマオリの子供の34%）、後者は61校で6千人が通っていて、マオリ語しか話さない（英語を話すことを禁じる）

「トータル・イマージョン教育」を行なっています⁽¹⁵⁾。

　マオリ語教育は、単に言語を継承するというだけでなく、マオリの知を教えるという意味を持ちます。それは、マオリの知が英語に翻訳不可能なものであり、マオリの世界観はマオリ語でのみ伝達可能だからです。そこには、英語が圧倒的に優位を占めるニュージーランド社会の普通の学校教育の中では、マオリの子供たちが自らの文化に誇りを持つことが難しいという現実があります。マオリの知は全体論的で、個々の教科の枠に収まらないのが特徴です。たとえば、森の神（タネ・マフタ）をテーマに、歴史を教えたり、理科の授業をしたり美術品の制作をしたりというように、総合的な学習につながっていきます⁽¹⁶⁾。

　マオリ語教育を受ける子供たちの親は、マオリ語を話せない人も多く、ともにマオリ語を学んでいくことが必要になります。すべての学科（とくに数学や理科）をマオリの知で翻訳することが可能か、競争を嫌い共同的で全体論的な知を重んじるマオリの教育が学力を低めるのではないか、卒業後の進路はどうなるのか、など課題もあります。これらはマジョリティの価値観がマオリ固有の価値観と相容れず、前者の価値観が社会で支配的であるところから来る問題といえます。マオリ個別の知を研究する「マオリ学」という分野も生まれていますが、そこにはマオリ以外の研究者は入り込めません。マオリの人々が、植民地化の中で自らの文化と尊厳を奪われてきたことへの不信感があります⁽¹⁷⁾。

　次世代を担う子供たちが、マオリ語を話す場所に身を置き、マオリの知とその作法を身につける意味は、自分たちが何者なのか、何を受け継いでいるのかを確認することです。そこには「テ・レオ」（マオリ語）を失うと自分たちをマオリと呼べなくなる日が来るかもしれないという危機感があります⁽¹⁸⁾。

4．太平洋諸島民の増大とニュージーランドの将来

　ニュージーランドでは、近年、太平洋諸島からの移民が増大しています。多くの移民人口が集中するオークランドは、世界最大のポリネシア人人口を抱える都市です。太平洋からの移民が多く住むオタラ地区のマーケットに行くと、たくさんの種類のタロイモやココヤシが売られています。

　ニュージーランドのマオリのもともとの故郷であったと言われるクック諸島

の人々は、自らを「クック諸島マオリ」と呼びます。先住民であるニュージーランドのマオリに比べ、自分たちの方がポリネシア文化を保持しているという意識を持っています。つまり移民が「伝統文化」の持ち主で、先住民マオリの方が本来のポリネシア文化を失ってしまっているという逆転現象が生じています[19]。しかし、ニュージーランドという国家の中ではマオリが「先住民」として特別の地位を占めています。移住が常態であったオセアニアでは、外から来た人を受け入れて、混淆していく文化がありました。国家の中の「先住民」という枠組みは、民族集団間の垣根を固定化し、融合をむしろ妨げるものになっているかもしれません。

　ニュージーランド社会で、「Kia ora!」というマオリ語の挨拶を知らない人はいないでしょう。マオリ文化についての知識は、たとえ表面的なものであっても、マジョリティの人々にも浸透しています。一方、マジョリティや移民の中には、二文化主義でのマオリ優遇に批判的な人もいます。しかしそれは、マオリの人々が、長い年月をかけてようやく勝ち取ってきたものであることは間違いありません。ジェネラル・マオリという考え方が、ポリネシアからの移民との協同につながり、ニュージーランドが「アオテアロア」としてポリネシア国家に近づいていくのかどうか[20]、もう少し見守る時間が必要でしょう。

 【コラム】私の見たニュージーランド

　私は、2011 年の 9 月から翌年 1 月まで、研究休暇を得て、当時小学校 1 年生だった息子と二人で、オークランドに滞在しました。息子は地元の私立小学校に 1 学期間だけ通い、私は息子の学校の送り迎えをして、その合間に大学の研究室で仕事をし、食事の支度をして子供の世話をするという生活を送りました。

家族の大切さ

　オークランド滞在中のキーワードとして思い浮かぶのは、domestic（家内、国内）という言葉です。代表的な新聞ニュージーランド・ヘラルドの 1 面は、たいてい国内ニュースで占められていました。それも日本であれば、3 面記事のような、交通事故や家庭内暴力の末の犯罪といったニュースです。その報道のされ方が、家族に焦点が当てられているのも特徴です。これは家族や家庭というものが、ニュージーランドの人々の関心の中心にあるということでしょう。

　ニュージーランドでは、14 歳未満の子供を一人で家や車の中に放置しておくことは許されていません。つまり日本のような「鍵っ子」はあり得ず、両親が働きに出ているときも、ベビーシッターなど誰かが面倒を見ていなければなりません。これは働く女性にとって制約のように見えますが、シングルマザーにも日本よりずっと手厚い処遇（養育手当やケアサービスの提供など）がなされているところからみると、むしろ社会が家族を通じて子供へのケアを要請しているといえます。

進化する日本料理

　オークランドには移民が多いこともあり、世界各地の料理屋がありますが、なかでも目に付いたのが、日本料理屋の多さでした。私の住まいから歩いて 5 分以内に 10 軒以上の日本料理店があり、イタリア料理や中国料理店の数を上回っていました。オークランドの日本料理屋には 3 種類あります。第 1 に、日本人の経営者・料理人がいて、味は正統派だが高価な店、第 2 に、韓国人や中国人が経営・調理していて、安価でカジュアルな日本料理（寿司や丼など）を提供する店、第 3 に、全く新しいタイプのハイブリッドな日本料理店です。都心で流行っていた丼物屋は、まずご飯を盛り、生野菜を 4 種類、甘辛い肉やカレーなど肉料理を乗せ、その上に好きなソース（照り焼きやドレッシング）をかける仕組みでした。味は日本の丼物とはほど遠いのですが、キウイ（地元のニュージーランド人）には人気でした。これも日本料理の「進化」と言えるのかもしれません。日本料理屋の隆盛は、日本の食文化への関心以上に、キウイの健康志向と、アジア系移民の活力の産物のようです。

多文化のクラス

　滞在中、オークランド大学の受け入れ教員の紹介で、当時小 1 の息子を 1 学期間通わせたのは、小さな私立の小学校でした。1 学年 1 クラスで、人数は 15 人くらい。生徒は、金髪の子もいれば、インド系、中国系と多文化でした。

　英語のわからない息子にとって幸いだったのは、同じクラスに日本語が話せる（日本人のお母さんを持つ）生徒が 2 人いたことです。授業中に通訳してくれたり世話を焼いてくれました。個人の進度に合わせて 30 分程度の宿題も出ますが、全体にゆったりしていました。毎週金曜日の朝礼では、頑張った数名の生徒が、全校生徒の前で表彰を受けたり（息子も最初の週に英語の読み書きをよく頑張ったと褒められました）と、集団主義や平等主義ではなく、個人の個性と意欲を伸ばす仕組みもありました。少人数で中流以上の家庭の子弟が多かったことも

あり、落ちこぼれやいじめもほとんどなく、息子も不登校にならずにすみました。

オークランドの日本人女性

　グローバル化の趨勢は、確実にニュージーランドも巻き込んでいます。一方で、ニュージーランドには、独特の緩やかな時間と空気が流れていました。手厚い福祉を施し、毎日5時前に帰るニュージーランドの人々は、着飾ったり、ブランド物にこだわることもなく、しかしそこそこの家に住んで、（物価が高いこともあり）日本よりお金をかけずに、はるかに生活をエンジョイしているように見えました。

　ニュージーランドの魅力に惹かれて、ワーホリ（ワーキングホリデー）などでやってきて長期滞在し、キウイと結婚して住み着いた日本人女性にも多く出会いました。もちろん単身で頑張っている人は英語スキルの獲得や生活費の工面に苦労していますし、国際結婚には文化的な価値観の違いなどの大変さもあります。しかしそこには、あるはっきりした共通の価値意識が流れているように思います。それは、一元的な生き方を強要する日本的なシステムと価値観からの離脱を求める感覚です。これは、おそらく体制に安住しそれ以外の生き方を想像する力を持たない人が多い男性よりも、女性の方が強く自覚し、自由な選択をしているのだろうと思います。日本という国家・社会とジェンダーの関係を、あらためて考えさせられた滞在でした。

☞ **本章の問い**：①マオリの言語教育を、あなたはどのように評価しますか？②ニュージーランド社会の特質から学ぶことは何でしょうか？

第8章　ミクロネシア、パラオの過去と現在

1．ミクロネシアという地域

　ミクロネシアという言葉に馴染みはなくても、観光地としてのグアムやサイパン、核実験が行われたビキニ環礁などの名前は知っていることでしょう。ミクロネシアは、その名の通り「小さな島々」によって成り立っています。2,700を超える島がありますが、陸地総面積は 2,851 ㎢にすぎません。火山島はマリアナ諸島、ヤップ、パラオ（バベルダオブ島ほか）、チューク、ポーンペイ、コスラエくらいで、多くは環礁島で海抜数 m しかない「低い島」です[1]。

　ミクロネシアに人間が住み始めたのは 3 千〜 4 千年前とされます。西（東南アジア）と、南（メラネシア）の双方向から移住があったと推測されています。そのためポリネシアに比べ、言語や文化も多様です[2]。

　ミクロネシアは、4 つの島嶼群（①マリアナ諸島、②カロリン諸島〈東、中央、

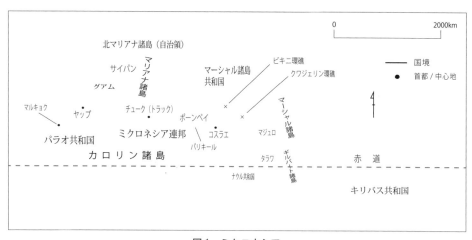

図1　ミクロネシア

西〉、③マーシャル諸島、④ギルバート諸島）と1つの孤島（⑤ナウル）から成ります（図1）。政体と人口はそれぞれ、①北マリアナ諸島（アメリカの自治領）4.7万人＋グアム（アメリカ領）15.4万人、②ミクロネシア連邦11.5万人＋パラオ共和国1.8万人、③マーシャル諸島共和国5.9万人、④キリバス共和国11.9万人、⑤ナウル共和国1.3万人です[3]。人口はすべて合わせても、沖縄県（147万人）の半分にもなりません。

植民地化の歴史

　ミクロネシアを最初に訪れた西洋人はマゼランで、1521年にグアム島に到達します。グアムはメキシコとフィリピンを結ぶガレオン貿易の中継地として利用され、1668年にはスペイン領となり、キリスト教の布教も試みられます。地元のチャモロの人々はそれに抵抗して戦争となり、社会は解体してフィリピン人との混血が進みます[4]。19世紀に入ると、ポーンペイやコスラエが、捕鯨船の寄港地となります。疫病や、売春・性病が蔓延し、地元首長間の火器による戦争の激化も伴って、人口が大きく減少することになります。

スペイン領からドイツ領へ

　1898年にスペインが米西戦争に敗北し、フィリピンとグアムはアメリカ合衆国に割譲され、カロリン諸島とマーシャル諸島はドイツの手に渡ります。ドイツはポーンペイとヤップに政庁を置き、地域の政治・社会制度を温存しながら、コプラやリン鉱石採掘などの経済開発を進めます。宣教師による布教活動も進められ、ドイツ語教育も行なわれます。ミクロネシアは伝統的に母系制社会で、それに基づく相続が行なわれていましたが、政庁はこれを父系相続制に転換し、土地の私有化を断行します。ポーンペイ北部のソークス地区の首長が反対し反乱を起こしますが、軍により鎮圧され、処刑されてしまいます[5]。

2．日本の委任統治

「南洋」への進出

　日本は、太平洋諸島を「南洋」の一部として眼差してきました。「南洋」とは、

日本からみて南の、海と結びついた地域というくらいの漠然とした概念でした。おおよそ現在の太平洋諸島、フィリピン、マレーシア、インドネシアなどの島嶼部東南アジアを含む地域がそれにあたります。

　南洋に最初に進出したのは、冒険的な事業家たちでした。海鳥（アホウドリ）の羽毛、そして、肥料にするグアノ（海鳥の糞）やリン鉱を求めての進出が始まります[6]。日本経済の成長につれ、開発の主体は次第に個人の事業家から企業・国家へと移っていきます。

　1914年に第一次世界大戦が勃発すると、日本は日英同盟を理由にドイツ領ミクロネシアを無血占領し、軍政を敷きます。1919年のヴェルサイユ講和会議で、アメリカの反対はあったものの、国際連盟の委任統治領「南洋群島」が承認されます。日本は南洋庁の本部を、パラオのコロールに置きました。

委任統治領「南洋群島」

　委任統治の理念は、「島民」の福祉増進でした。南洋庁は、軍政時代から引き続いて病院の建設や島民の保健衛生の改善に努めるとともに、島民の「文明化」をめざして教育に力を入れます。1922年には「南洋庁公学校規則」を発布し、8歳から14歳までの島民子女に教育を行ないました。島民は3年間の「公学校」に通い、優秀な生徒はさらに2年間の「補習校」に通いました。

　もう一つ日本が力を入れたのは、経済開発でした。南洋庁は1923年から9年間にわたり、無主地あるいは未使用と見なした共同体所有地を官有地にする土地調査事業を実施します。その結果、島民所有地の3倍半にあたる7万ヘクタールの土地が南洋庁の管理下に置かれます。これらの土地は、日本からの農業移民の開拓地として利用されました[7]。

　経済開発の中心となったのは、南洋庁と結びついた日本の企業です。1921年に松江春次が創設した南洋興発株式会社（南興）は、サイパン島とテニアン島で大規模なサトウキビ農園と製糖業を展開します。ドイツ時代から群島全域で農海産物輸出と商品の輸入販売を手がけてきた南洋貿易会社（南貿）は、この地域の貿易を独占し、ココヤシ農園の経営などに乗り出します。さらに南洋庁は、1936年に日本の南進政策のための国策会社南洋拓殖会社（南拓）を設立し、ボーキサイトやリン鉱石などの採掘、アルミニウム工場の建設・経営な

どに従事させます。経済活動の活性化とともに日本人移民が急増し、1935年には島民人口を上回り、1940年には8万4千人にまで達しました[8]。

　委任統治下では包摂と排除が使い分けられます。内地の日本人は一等国民、沖縄人・朝鮮人は二等国民、ミクロネシアの「島民」は三等国民でした[9]。

公学校での教育

　公学校では、授業時間24時間中半分が国語（日本語）に充てられました[10]。教室内での私語や母語の会話は禁止され、守れない生徒には体罰が与えられました。1930年までに南洋群島全体の就学率は半分を超え、パラオでは100%に達しました[11]。1933年の国際連盟脱退以降は、「一視同仁」の名の下に同化政策が推進されます。生徒たちは、毎朝君が代を斉唱し、教育勅語を朗読し、朝礼では北を向いて「宮城（皇居）遥拝」を行なうことが義務づけられました[12]。

日本の委任統治の評価

　アメリカの歴史学者ピーティは、日本の委任統治下の教育について、日本の自己利益と島民の福祉増進という目的の間には矛盾があったとしています。島民に熱心に教育を施し、日本語を教えることは、日本の秩序を身に付けさせ、日本社会への同化と従属を推進することにつながるからです[13]。

　日本人とパラオ人は同じ学校に通うことはなく、日本人は内地と同じく国民学校に通いました。パラオの子供たちは公学校に3年通った後は、成績が優秀でも、2年間の補習科どまりで、その上の学校に進むことはできませんでした。ただしコロールには、1926年に木工徒弟養成所が作られ、南洋群島全域から選抜された少数の男子が、そこで大工や木工の技術を身に付ける機会が与えられました。しかし島民に期待されたのは、実技だけでした[14]。

　ピーティは、この教育制度を差別的なものと見ています。公学校で学ぶ島民の子供たちは、日本語を学んだといっても、読み書きまでできるようになる子供たちはほとんどおらず、卒業後は、日本人との交流の機会がなければ忘れてしまうのが普通でした。したがって公学校の教育が島民の子供たちに与えた就業機会は、下級の事務員、通訳、補助教員、家事使用人、労働者の現場監督くらいでした。一方で、島民の子供たちは、教室で自分たちの言葉を話すことは

禁じられ、自らの歴史や文化に誇りを持つ機会は与えられませんでした。これ
は、委任統治の条項にある、「教育の結果、将来の独立した自治を担えるよう
な自立した人間を育てる」という理念に合致していないからです [15]。

　日本統治下のミクロネシアでは、パラオに生じたパラオ文化の復興をめざす
宗教運動（モデクゲイ）を除けば [16]、日本支配への大きな抵抗運動は起こり
ませんでした。それはミクロネシアが共通の言葉や文化を持たず、抵抗運動を
組織化するような教育を受けたエリートも存在しなかったからです [17]。

太平洋戦争下のミクロネシアと日本

　1941年12月8日のハワイ・真珠湾攻撃のすぐ後、日本軍はアメリカ領のグ
アム島を占領し、ミクロネシア全域を支配下に置きます。ミクロネシアは委任
統治領で、日本人移民が多数生活していたため、一般市民に多数の犠牲者を出
しました。1944年6月には、サイパン島で3万人の兵士に加え1万人の日本
人住民が死亡します。同年9月には、パラオのペリリュー島、アンガウル島に
相次いで連合軍が上陸し、激しい戦闘の後、守備隊はほぼ全滅します。

　島民も戦闘に巻き込まれたり、土地を失ったりして、大きな被害を受けまし
た。ナウルではリン鉱石採取のため、島民の3分の2がチュークに強制移住さ
せられ、栄養失調や病気で多くの人が亡くなりました。キリバスのバナバ島で
は、強制移住させられた島民たちが、いまも故郷に戻れないままです [18]。

3．戦後のアメリカ統治と「独立」

　第二次世界大戦後、ミクロネシアはアメリカの国際連合信託統治領となりま
す。信託統治は、被統治者の利益の推進が目的とされる点では、委任統治領と
同様ですが、戦略地区に関しては軍事利用が可能です。マーシャル諸島クワジェ
リン環礁にはアメリカ海軍基地が置かれ、迎撃ミサイル発射実験場として占有
されて、住民は隣接するエバイ島に押し込められました。そこは、0.3㎢に1.2
万人が居住する劣悪な環境で、「太平洋のスラム」と呼ばれています [19]。

　アメリカは、ミクロネシアを軍事戦略上の拠点として利用する一方、社会経
済開発や福利厚生には消極的で、住民たちに伝統的生活様式を維持させました。

こうしたアメリカの統治は、「動物園政策」と揶揄されます[20]。しかし 1960年代に入ると、世界的な植民地独立運動の高まりや、国連調査団の批判と勧告を受け、平和部隊派遣、教育や医療、産業などの技術指導が行なわれます。

　1970 年代にミクロネシアの国々は、アメリカとの自由連合などの形で独立を遂げていきます。自由連合というのは、防衛とそれに関わる外交を協定締結国に委ねる形での独立で、国連にも議席を占めることができます。協定を結んだ国に対しては、自由連合協定援助金（コンパクト・グラント）が供与されます。これはミクロネシア諸国の大きな財源になっていて、GDP に占める比率は、ミクロネシア連邦では 50%、マーシャル諸島では 60%にも及んでいます。

　ミクロネシアの国々は、いずれも小さな島嶼国家です。人口が少なく、資源にも恵まれず、経済的自立は困難です。これらの国々は「MIRAB 経済」と評されます[21]。MI は Migration（移住）、R は Remittance（送金）、A は Aid（援助）、そして B は Bureaucracy（官僚制) で、海外移民からの送金、海外援助、公務員の給与が経済を支えているという意味です。ポリネシア同様、ミクロネシアの国々も、海外に多くの移民を送り出しています。移民たちは、海外の市民権を取得しても、自らの出身国に愛着を持ち、関係性を保っています。

　防衛と予算の大部分をアメリカに依存し、自前の産業基盤が脆弱なミクロネシアの国々に「自立」を求めるのは困難でしょう。そもそも完全に「自立」した国など存在するのか、国家や国民の自立とは何かも問われていると思います。

4．パラオという国

　ミクロネシアの中で、パラオは非核憲法[22]の存在により協定締結が難航します。しかし、自由連合協定の承認を過半数に引き下げる憲法修正を行ない、1993 年の 8 回目の国民投票で可決され、翌年に自由連合として独立しました。

　パラオの人口は 17,907 人、面積は 48 ㎢で屋久島と同程度です。首都は最近南洋庁時代の中心地コロールからマルキョクに移りました。国会議事堂は、森の中にあり、ホワイトハウスに似た様式の建物が忽然と現れます。

　パラオの一人当たり国民所得（GNI）は 13,950 ドル（2017 年世銀）で、オセアニア諸国の中ではオーストラリア、ニュージーランドに次ぐ第 3 位です。

図2　パラオの位置とパラオ諸島

産業といえるのは、観光業と漁業くらいです。国と州政府、政府法人を合わせた公務員の数は、雇用数の 30％に上ります。他のミクロネシア諸国同様、アメリカ合衆国からの財政援助が国家予算の大きな割合を占めています。外国人労働力への依存が大きいのも特徴で、レストランなどサービス業にはフィリピン人女性、建築労働にはバングラデシュ人男性などが多く就いています。

パラオの観光

　ロックアイランド（写真 1）をはじめとするパラオの美しい海と島の景観は、海外から訪れる観光客を惹きつけています。年間観光客数は 11 万人（2018 年）。最も多いのは中国（5 万人）で、2 位が日本（2.4 万人）、韓国（1.3 万）、台湾（1.1万）と続きます。パラオは自然環境の保護に力を入れていて、観光客は皆、パラオの環境を守る「パラオ誓約」をパスポートに刻印され、署名します。日本を含む外国資本のホテルなどもありますが、規模はそれほど大きくありません。ハワイやグアムに比べると、コロールの中心街は地味で、観光客にとっては

写真 1　ロックアイランド群（2019 年）
世界遺産。

写真 2　旧南洋庁の建物（2018 年）
現在は最高裁判所。

「間違えて田舎町に来ちゃったみたいなところ」（コロールの土産物店主の日本人女性の談）です。

【コラム】パラオに残る日本語とシューカン

パラオに残る日本語

　南洋庁の中心だったパラオは、今でも日本語が残っていることで知られています。その数は 600 語以上と言われ[23]、アジダイジョーブ（美味しい）、ツカレナオース（ビールを飲む）、ショウトツ（乾杯）、チチバンド（ブラジャー）、エモンカケ（ハンガー）、デンワ（電話）、スコージョー（飛行場）、センキョ（選挙）、バショ（場所・土地）など、ユニークなものも多数あります。それらの多くはパラオ語として流通し、日本語起源であることは意識されなくなっています。パラオの商店では、プラスチック容器に入った「ベントー」が売られていますし、日本の歌謡曲を流しながら運転するタクシーにも出会います。

シューカン

　「シューカン」は、日本語からの借用語の一つです。伝統的儀礼・伝統的慣習に基づく贈答慣行を指します[24]。パラオでは、第一子の誕生祝いや新築祝い、葬式などに、親類や知人がお金を持ち寄って集まります。その参加者は 200 名から 500 名以上に上ることもあります。一人平均月 2 回以上はシューカンに参与しているといい、1 回の贈与額は 20 ドルから、近しい親族であれば 100 ドルくらい。会場で贈与者の氏名と金額がアナウンスされたりすることもあり、年々贈与額は上昇傾向にあるようです。

　この伝統儀礼は宗主国の目を盗みながら続けられてきましたが、太平洋戦争前

後には物資が枯渇し、行なわれなくなっていました。それが復活したのは、パ
ラオという国民国家を形成する上で、アイデンティティといえる伝統文化の再
興への意欲が高まったこと、そしてアメリカ統治時代の後半からは、援助の増
大によりドルの流通が拡大したことによっています。シューカンには昔はべっ
甲の皿などが使われていたのですが、最近ではドル紙幣が使われます。

　パラオの人々はなぜシューカンの贈与にこだわるのでしょう。親族内で財を循
環させて富を分配すれば、いずれは必ず自分の元に返ってくるという信頼があ
り、相互扶助としての社会関係のネットワークを強化するものだからです。一
方、最近では、贈与額の過当競争や、お金と時間のかけ過ぎで「シューカン貧乏」
になるとの批判も生まれています。

5．日本統治時代を生きたパラオ女性

　パラオは、「日本を愛した植民地」と評されることがあります[25]。パラオに
多くの日本語が残っていて、パラオの国旗が一見すると日の丸に似ていること
などにもよっているでしょう[26]。私は日本統治時代に教育を受けた3人の女
性（名前はいずれも仮名）から話を聞きました[27]。

ノラさんの語り

　ノラさんは1931年生まれ。公学校に3年間、コロールの補習校に2年間通い、
今も見事な日本語を話します。日本統治時代の街は「もったいないコロールだっ
た」とノラさんは言います。「もったいない」というのは、「立派な」「有り難い」
という意味です。公学校では責任感を教えてもらったと彼女は言います。

　「先生は厳しかった？　あたりまえ。厳しくしなきゃ利口な人にならないか
ら。掟がある。…ただ（教室に）入る時にこう言うの。一つ、私どもは立派な
日本人です。一つ、私どもは天皇陛下の赤子です。一つ、私どもは忠義を尽く
します。で、先生たちは意味を言うの。悪いことしたらこれが罰。嘘したら
これが罰。一番いつも先生が言ってくれるのは責任感ちゅうこと」、「今のアメリ
カの主義は、自分が好きなら勉強する。嫌なら勉強しない。日本の習慣は全然
違う。日本の人は荒かったけど、私は好き。その荒いことは子供を治す…」。

ノラさんは、沖縄の人との交流があったことも語ってくれました。沖縄の人がカイシャルのマングローブ林で炭を焼き、豚を飼っていて、ノラさんの父は畑のバナナやパパイヤを持っていき、かわりに酒をもらい、いつも酔っぱらって帰ってきたそうです。沖縄の人と日本人の入植者は別の場所に住んでおり、沖縄の人の方がパラオ人との交流が多かったことが窺えます[28]。

テルコさんの語り

テルコさんは 1936 年生まれ。日本人の両親の下に生まれましたが、パラオに残り家庭を持っています。日本語はノラさんほど達者ではありません。

テルコさんは、空襲が激しくなり、家族全員で山に逃げ、ジャングルの中で暮らします。木の葉もサツマイモの葉も食べましたが、母親は栄養不良で乳が出ず、生まれたばかりの赤ん坊は死に、父も亡くします。戦争が終わり、母はパラオの養父母に預けていたテルコさんのところに来て、返してくれるよう頼みますが、パラオの養父母は愛着がわいていて、承知しなかったと言います。

フミコさんの語り

フミコさんは 1931 年生まれ、父が沖縄の人で母がパラオ人です。3 年生まてはコロールの公学校に通い、4 〜 5 年生は家族が住むカイシャルから、歩いて清水村の日本人の国民学校に通いました。最初は苛めがあったと言います。

「後ろからね、…朝礼の時間に石を投げられました。クロンボー、クロンボとか言って…学校の帰り道で一緒になったの。私がタピオカの木を折って投げたら逃げていった。クロンボの力を見せるからって。2 度としなかった…」

先生には差別はありませんでしたが、公学校と国民学校の教育内容は異なり、公学校では算数で分数など高度な内容は教えられなかったと言います。

フミコさんは、パラオの産業が発展しないことに不満を持っています。「日本の頃に、パラオからの貿易（輸出品）が 8 個か 9 個かくらいありましたね。アンガウルのボーキサイト、ガラスマオのアルミニウム、それからかつお節、パイン、高瀬貝、それからヤシ、コプラ…今はそういうのが一つもない…」

3 人の語りから浮かび上がるのは、小学校時代の教育が持つ重さです。日本

88

人の血を引くテルコさんよりも、ノラさんの方が日本の訓育を身体化していま
す。ただインタビューは日本語で、日本人が行なっています。語りは常に「誰
かに対する」語りであるということもふまえておく必要があるでしょう[29]。

もう一つの声

　最後に、ローマン・ベドゥール（Roman Bedor）という、パラオの最高首長
の一人で、自由連合協定締結・独立時の上院議員の書を紹介します[30]。冒頭
部分で、彼は次のように語ります。
　「私たちの国を最初に植民地化したのはスペインだった。続いてドイツ、日本、
そしてアメリカ合衆国…。それぞれの植民地国は、それぞれの文化、生活スタ
イル、言葉、宗教、法、統治システムを持ち込んだ。」「第一次世界大戦後、国
際連盟がドイツから取り上げたミクロネシアの島々を日本に与えた。日本が3
番目の植民地の主人になった。この時も、我々には何も知らされず、何の相談
もなかった。…国際連盟とは何かも知らなかった。」「日本は、ドイツ同様、そ
れ以前の植民地のやり方をすべて日本のやり方に置き換えた。公用語は日本語
になり、国の元首は天皇になった。…私たちは、新しい植民地の主人の召使に
なるよう、自分たちを教育し直さなければならなかった。私たちは、『疑似日
本人』(quasi-Japanese)になり、大日本帝国の統治下では、自分たちの故郷の島
の中で、マイノリティになった。軍人だけでも、バベルダオブ島に2万5千人、
アンガウル島に1,400人、ペリリュー島には10,500人もいたからだ。」「日本は
私たちを、日本の市民と同じレベルまで教育しようとはしなかった。小学校は
3年までで、言葉を覚えても役所の小間使いくらいにしかなれなかった。上級
学校に進学することができたパラオ人もほんの僅かいたが、それは両親のどち
らかが日本人か、特別に優秀とみなされた者だけだった。…『テンノウヘイカ』
は、国の元首ではなく、神として崇拝し、毎朝日本の方角を向いて拝むように
命じられた。…耕されていない、空いているとみなされた土地は取り上げられ、
公有地になった。海の資源も取り上げられた…。」[31]
　「1947年、国連の信託統治領になり、アメリカが私たちの4番目の主人となっ
た」。法や規則は相談されず、日本に没収された土地は公有地のまま留め置か
れた。…私たちはそれを取り戻すため訴訟を起こさねばならなかった[32]。

「想像できるかい。夜の食卓に着いた時、曽祖父さんはスペイン風に、お祖父さんはドイツ風に、お父さんは日本男子のように振る舞い、その息子はアメリカのライフスタイルを真似ているという光景を。それは調子の合わないオーケストラのようなものだ。」⁽³³⁾

「もし本当にこれらの『文明』国が文明的であったなら…私たちの島を第二次大戦の戦場にすることはなかったはずだ。私たちは、彼らの戦いで、たくさんの無実の愛する人を失い、私たちの土地を荒廃させられた。私たちの土地の破壊と愛する者たちの死が、彼らが言うように、私たちを守るためや解放するためだったなどということがあり得るだろうか…」⁽³⁴⁾

先述のノラさんは、私たちとの夕食会で、こんな話もしてくれました。「『ご飯を食べて帰りなさい』というのがパラオのルール」「パラオの『銀行』は人間」「人間は窓を開くことが大事、窓を開けなさい。そうすればいろいろなものが入ってくる。窓を閉じていてはダメ…」⁽³⁵⁾

パラオの人々が日本の支配に従順で、日本を愛していたという物語は、実はパラオの人たちの多様な声を私たちがまだ充分に聴けていないことを意味するのかもしれません。

☞ **本章の問い**：①ミクロネシアの国々の「自立」について、どう考えますか？②委任統治領南洋群島における日本の統治を、どのように評価しますか？

第9章　パプアニューギニアという国と社会

1．パプアニューギニアと日本

　パプアニューギニアと聞いて思い浮かべるのは自然、熱帯林、あるいは「未開」の土地でしょうか。パプアニューギニアのガイドブックを観ると、目につくのは、海、山、川、蝶・鳥・有袋類・蘭といった動植物で、自然のイメージに彩られています。人間はというと、カラフルな祭りの装束を付けた、伝統的な文化に生きる素朴な人々という印象です。テレビなどでも、ニューギニアは、アマゾンやアフリカと同様の（しかし、より近場でお手軽の）秘境や未開の文化という素材として取り上げられることが多いようです。

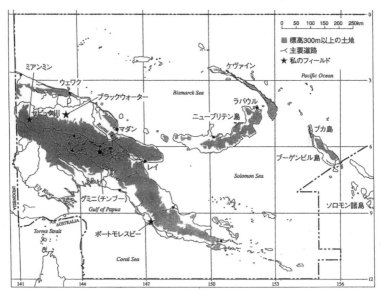

図1　パプアニューギニアと私のフィールドの位置
（熊谷圭知『パプアニューギニアの「場所」の物語』九州大学出版会、2019、図4-3）

　パプアニューギニアと日本の間には、今は途絶えてしまっていますが，直行便がありました。成田を土曜日夜に出て、翌早朝に首都ポートモレスビーに着きます。所要時間は6時間半、シンガポールやバンコクと変わりません。主な乗客は、マリンスポーツを楽しむ若者と、戦跡巡礼の遺族団でした。ニューギニアは太平洋戦争中の激戦地で、日本兵がたくさん亡くなった場所です。

パプアニューギニアと太平洋戦争

　パプアニューギニアは、「大東亜共栄圏」の南端に組み込まれた地域です。東部ニューギニア戦線に派遣された日本兵は約12万人、そのうち生還者は1万3千人にすぎません[1]。ニューギニア島まで戦線を伸ばした時には、制海権や制空権は奪われつつあり、弾薬や食料の補給が困難でした。そのため死者の大半が、戦闘ではなくマラリアなどの病死か餓死という悲惨な戦場でした[2]。

　ニューギニアでの戦争体験については、元兵士たちによって多数の戦記が書かれています[3]。それらは、ニューギニアという戦場の苛酷さを伝えてくれると同時に、参謀本部がいかにニューギニアの自然環境や地勢に無知で地理的想像力を欠いていたか（熱帯のジャングルが自然の恵みを与えてくれると信じたり、3千mを超える高山が連なるオーウェンスタンレー山脈を越えてポートモレスビーを攻略する作戦を立てたり…など）も教えてくれます。戦記の中には現地社会や住民へのまなざしは希薄ですが、生還した日本兵たちの中には、パプアニューギニアの住民に助けられた例が多くあります[4]。

　太平洋戦争でパプアニューギニアの人々が何人犠牲になったのかは不明です。統計や調査が存在しないからです。直接の戦闘に巻き込まれた以外にも、戦場になった地域から逃れたり、畑を荒らされ食料が得られなくなったりして亡くなった人々（特に乳幼児）が多数いたと想像されます。直接の占領・戦闘が行なわれた地域では、戦争直後の人口が戦争前に比べ20～25%減少したという推計もあります。それは、成年男子の徴用による出生率の減少や、栄養失調、さらに両軍の兵士がもたらした病気（赤痢など）の蔓延などが原因となっているとされます[5]。

　日本からパプアニューギニアへの戦後賠償は行なわれていません。これは当時パプアニューギニアの宗主国だったオーストラリアが、賠償請求を放棄した

からです。パプアニューギニアの住民の中には、戦争中の被害に対して、日本が責任を負っていると考える人もあります。一方、住民の多くは親日的で、「日本が戦争に勝っていたらパプアニューギニアはもっと発展していた」という言葉も聞きます。日本人に対しての言葉であることを割り引く必要がありますが、そこにはオーストラリアの統治への批判も含まれています。

2. パプアニューギニアという国

多様な言語

　パプアニューギニア独立国は、ニューギニア島の東半分と、ニューブリテン、ニューアイルランドなどの周辺の島々からなります。人口は895万人（2020年）、面積は46万km²で、日本の1.25倍です。パプアニューギニアという国の最も大きな特徴は、800以上の異なる言語が話されている多言語・多民族国家であることでしょう。全世界の言語数は6〜7千と言われますから、その1割以上がパプアニューギニア1国の中に存在していることになります。

　公用語は英語で、学校教育では英語を使って教育がなされています。日常的な共通語としては、ピジン語（トクピシン）があります。人々の帰属意識は、同一言語・民族集団や出身地域にあり、国家の統合が課題です。

 【コラム】パプアニューギニアの言語とトクピシン

なぜこんなに言語が多いのか

　人口800万人のパプアニューギニアに800以上の言語、つまり1言語平均1万人という言語の多さはいったいなぜでしょう。逆に日本は1億3千万もの人口があって、なぜ言語が一つなのでしょう（本当に一つだけなのでしょうか）。

　その答えの一つは、言語は変化するからです[6]。日本語でも、平安時代の日本語と今の日本語はずいぶん異なります。たかだか千年、しかも同じ日本の中でそうですから、空間的に分かれて生活し、長い時間が経過すれば、別の言語に分化していくのは当然のことです。ニューギニア島に人類が住み始めたのは5万年前ですが、多様な自然環境の中で、採集狩猟を中心にした小規模な集団が分かれて暮らしている中で、言語の分化が進んでいったと考えられます。

　もう一つの答えは、言語を統一するには、その必然性とそのための仕組みが必要だということです。江戸時代にもし薩摩の人と津軽の人が出会ったら、話す言葉は通じなかったでしょう。日本は明治以降、国民国家を作るために、学校教育やラジオなどのメディアを通じて共通語（標準語）を創り出していきます。その過程で、教育の場でアイヌ語や琉球語などを排除していくことになりました。

トクピシン (Tok Pisin)

　多言語国家のパプアニューギニアの中で、重要な共通語となっているのがピジン語です。ピジンというのは、植民地などで外来の人と土着の人々の間に、通用語として生まれた言葉のことです。カリブ海のように、先住民の言語が失われ、ピジンを母語とする人々が生まれると、それをクレオールと呼びます。

　メラネシアのピジン語は、プランテーションの労働者間で広まっていきました。パプアニューギニアのピジンは、トクピシンと呼ばれます。ヴァヌアツ（ビスラマ語・公用語）とソロモン諸島でもピジン語が共通語です。

　トクピシンの単語は英語起源のものが多いのですが、かつての宗主国ドイツ語や、マレー語、ラバウル周辺のトーライ語などを起源とするものも混じっています。文法も簡単です。単数形の1人称は *mi*、2人称は *yu*、3人称は *em/en* です。複数形は、それぞれ *yumi/mipela*（話しかける相手を含む／含まないで分ける）、*yupela*、3人称は *ol* となります。前置詞も *long*（to、from、on の意味）、*bilong*（of）、*wantaim*（with）の3つ、過去は動詞の前に *bin*、未来は *bai* を付けるだけです。たとえば、*meri bilong mi* は「私の妻」、「私は学校へ行く」は、*Mi go long skul.* です。英語起源であっても、発音や意味が変化しているものもあります。*kirap* は get up からきていますが（たぶんプランテーションで労働者が朝早くたたき起こされたのでしょう）、何かを興す・始めるという意味にも使われます。*ples*（place）は「村」の意味で、*tok ples* は自分の固有の言語を表します。また *wantok* は one ＋ talk つまり、同じ言葉を話す人の意味ですが、同じ地域出身者や「仲間」という意味にも広がっています。*e-meilim*（e-mail を送る）のような新しい表現も生まれています。

　私が初めてトクピシンを学んだのは、パプアニューギニア大学留学中の市民向け講座でした。生徒はすべて西欧人で、どうしても発音が英語風になり、ニューギニア人の先生から厳しく直されます。私がジャパニーズ・イングリッシュ風に発音すると、「excellent!」と褒められます。ピジンが世界共通語になればよいと思いました。

植民地化の歴史

　パプアニューギニアの地に最初に到達した西洋人は、ポルトガルのメネゼス
で、1527年のことです。しかしその後300年以上、入植や植民地化の動きは
ありませんでした。ニューギニアの険しい地勢と広大な熱帯林や湿地、マラリ
アの存在が、入植を阻んだといえます。

　1828年、ニューギニア島の西半分が、まずオランダ領となります。1884
年にニューギニア島の東半分のうち、南部がイギリス（英領パプア）、北部
と周辺の島々がドイツによって（ドイツ領ニューギニア）領有されます。オー
ストラリアとの近接性から領有したイギリスに比べ、ドイツはプランテー
ションの開発などを積極的に行ないます。1906年、南部はイギリス領から
「オーストラリア領パプア」となり、第一次世界大戦後、ドイツ領は国連の「委
任統治領（第二次世界大戦後は信託統治領）ニューギニア」となり、オース
トラリアが統治を担います。第二次世界大戦後、国連の勧告を受け、1975年
に両地域は「パプアニューギニア」として統合されて、独立することになり
ます。

植民地経営と土地所有

　植民地時代のパプアニューギニアでは、オーストラリアやニュージーランド
のように土地が外国人の手に渡ることはなく、地元の人々の土地を購入できる
のは植民地政府だけとしました。そのため、今も国土の8割以上の土地が、慣
習法的共有地としてパプアニューギニアの人々の手に残されています。

　1930年に制定された原住民労働条例では、プランテーションの契約労働は
3年以内とし、期間を終えた労働者は雇用主の手で村に戻すことが義務付け
られ、パプアニューギニア人の都市居住は認められませんでした。これは自
給的な生産様式を残し、家族の暮らしを村に置き続けることで、必要な時だ
け労働力を安く使うとともに、植民地経営のコストを抑えるための政策でし
た。

【コラム】ブーゲンビルの分離独立運動

　パプアニューギニアでは、独立時に地域ごとの分離独立運動が強く起こります。その最大のものが、ブーゲンビルの運動でした。ブーゲンビルは地理的にはソロモン諸島に位置しますが、1899 年、ドイツとイギリスの取引により、ブーゲンビル島とブカ島はドイツ領、残りの東部ソロモン諸島はイギリス領に引き裂かれます。第一次世界大戦後のドイツの撤退により、ブーゲンビルは、他のニューギニア地域とともにオーストラリアの委任統治領となり、パプアニューギニアの独立時には、最辺境として組み込まれることになります。したがって、ブーゲンビルの住民には、もともとソロモン諸島への一体感と、パプアニューギニア国からの疎外感がありました。

　ブーゲンビル島には、独立前に銅山が発見され、オーストラリア資本の鉱山会社による操業が開始されます。この銅山の収入は、独立するパプアニューギニア国家にとって不可欠なものでした。ニューギニア本島からやってきた鉱山労働者と地元住民とのトラブルも加わり、分離派の人々は 1975 年 8 月に「北ソロモン共和国」を宣言し、国連にも提訴しますが、認められませんでした。

　ブーゲンビルの分離独立問題は、1988 年に再燃します。採掘権料の更新の交渉で、地権者たちは、200 億キナ（1 兆 5 千億円）という巨額を銅山会社に要求します。これは、掘り崩され見る影もなくなった祖先の山と、銅屑で黄色く汚れた川という環境破壊の賠償金でもありました。交渉が暗礁に乗り上げる中、若い地権者のグループが銅山施設を爆破し、操業停止に追い込むとともに、「ブーゲンビル革命軍」（Bougainville Revolutionary Army：BRA）を名乗り、独立を宣言して内戦が始まります。

　パプアニューギニア政府はブーゲンビルに軍隊を送りますが、ジャングルでゲリラ活動する BRA を抑え込むことはできず、海上封鎖して外部からの物資の輸送を遮断します。この封鎖は 4 年間続き、食料や医薬品の不足などで、2 万人といわれる多くの島民（とりわけ乳幼児）が犠牲になりました。

　2001 年にようやく平和協定が締結されました。ブーゲンビルは自治州の地位を獲得し、2019 年末に独立の意思を問う住民投票が実施されました。その結果、独立賛成が 98% を占めましたが、正式な独立にはパプアニューギニア議会の承認が必要で、まだ予断を許さない状況です。

3．パプアニューギニアの地域的多様性と地域間関係

州を単位とした地域区分

　パプアニューギニアは言語だけでなく、自然環境・文化を含め地域的多様性の大きい国です。図2に州区分を示しました。

　一般的な地域区分は、州を基本として、①パプア（南部）地方（州番号1～6）、②高地地方（同7～11、21・22）、③ニューギニア沿岸（モマセ）地方（同12～15）、④島嶼地方（同16～20）という、4つの地方に分ける方法です。最も人口が多いのは高地地方で、総人口の約4割を占めます。高地地方は、1930年代以降に初めて西洋文明と接触した地域ですが、近年では、高地縦貫道の建設に伴って人や物資の移動が活発化し、急速な社会変化が生じています。

生態環境からみた地域区分

　もう一つ、生態環境を考慮に入れた地域区分を提示してみましょう。まず、「ニューギニア本島」と、それ以外の「島嶼部」に分けます。次に、ニューギ

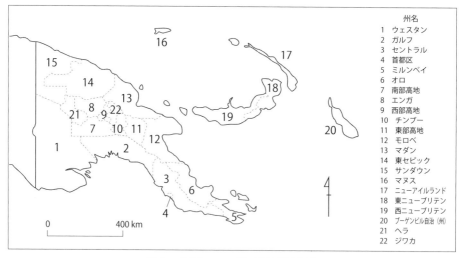

図2　パプアニューギニアの州区分図
2012年、ヘラ州（21）は南部高地州から、ジワカ州（22）は西部高地州から分離独立。

ニア本島を「海岸部」と「内陸部」に分り、後者を「低地」と「高地」に区分します。さらに、高地を「中心部」と「周縁部」に分けます。

　「島嶼部」と「海岸部」はタロイモやバナナなどが主作物で、漁労も重要です。「低地」は、フライ川やセピック川など大河川が作り出す氾濫原や沖積低地から成り、農耕の生産性は低く、サゴヤシを採取して得る澱粉が主食です。「高地（中心部）」は、熱帯としては肥沃な火山性の土壌に、休閑期間の短いサツマイモの焼畑農耕が行なわれ、パプアニューギニアの中では人口が稠密です。これに対し「高地周縁部」は、傾斜地が多く、激しい降雨にさらされ土壌浸食が著しく、人口密度も最も低い地域です。「低地」と「高地周縁部」は、ともに採集狩猟に依存する度合いが大きい（人口が希薄なため採集狩猟が行ないやすい）地域です。逆に「高地（中心部）」では、採集狩猟が可能な空間が少ないかわりに、家畜として豚が飼育され、重要な交換財となっています。

人口移動の様態

　パプアニューギニアの人々は「動く人々」です。人々は急峻な山を越えて徒歩で、また現在は飛行機に乗って気軽に移動します。植民地時代には、契約労働者としてのプランテーションへの移動以外、遠距離の自由な移動は禁じられていました。この構造が変化するのは第二次世界大戦後のことです。

　植民地化が早く浸透したのは、海岸部と島嶼部で、プランテーションや都市の雇用機会も多くあります。一方、人口が稠密で最も多くの移住者を都市や他地域に送り出しているのは、高地地方です。集団間の競争が激しい高地の人々は、海岸部の人々とは外見も文化も異なり、しばしば対立を生んでいます。

4．西欧文明との接触と植民地化－ミアンミンの人々の場合－

植民地政府との接触

　自然環境と地勢が険しく、道路も未整備で、コミュニケーションが難しいパプアニューギニアで、どうやって植民地統治が進められたのでしょうか。

　植民地政府は、内陸部に植民地支配を浸透させていくため、拠点となる「管区役所」（District Office）を設置し、そこに「管区行政官」（District Officer）を

赴任させました。さらに「駐屯所」（patrol office）を配置し、そこから「巡視官」
（patrol officer：ピジン語ではキアップ *kiap*（captain から派生）と呼ばれます）が、
奥地の部族に接触を試みます。初接触の際は、まずキアップが塩・石鹸・毛布・
ビーズなど有用な物資を与えて懐柔する一方で、銃の威力を見せて、政府に逆ら
うことを戒め、部族間の戦争を止めるよう通告します。つまり、物質文明の
魅力と暴力が、植民地政府の権力と権威を浸透させる基盤でした。

　しかし、ローカルな生活様式と文化を維持してきた人々にとって、その遵守
は様々な葛藤をもたらしました。以下ではそれを、1950 年代に初めて植民地
政府／西洋世界と接触したミアンミンの人々について見てみます。

ミアンミンの人々の暮らし

　ミアンミンの人々は、高地周縁部に暮らす人口 2 千人ほどの民族言語集団で
す。私は 1984、1986、1988 年に、ミアンミンの領域内の最も低地にあるホッ
トミンの村に数週間〜 1 カ月住み込みました。ホットミン村は、北海岸ウェワ
クの町から、小型飛行機で 1 時間半ほどの距離にあります。村には熱帯林を切
り拓いて作った小さな滑走路があり、それが外部とつながる唯一の手段でした。

　ミアンミンの人々の生業は、タロイモ農耕（写真 1）と狩猟です。木を伐り
タロイモを植えた後は、草取りはしないので、外目には畑と藪の区別がつかなく
なります。タロイモは疫病の危険を分散させるために複数種類を植えます。
狩猟には熱心で、畑に行くときも弓矢を手放しません（写真 2）。しかし、村
の周辺では野豚やヒクイドリのような大きな獲物は少なく、日常の食生活はほ

写真 1　タロイモ畑　　　　　　　　写真 2　弓をつがえる村人
（ホットミン村、1984 年）　　　　　（ホットミン村、1984 年）

とんどタロイモだけでした。

価値観の変容

　ホットミンの人々は、一見すると外部の影響を受けず、自然に囲まれて暮らしているという印象を受けます。しかし、そうでないことがわかりました。伝統的な衣装は、男は瓢箪（ひょうたん）で作ったペニスケース、女は草で編んだ腰蓑（こしみの）ですが、ホットミンの村ではもう、この格好をしている人はおらず、ぼろぼろでも成人の男はＴシャツに短パン、女はワンピースを身に付けています。それらは教会を通じて手に入れた古着です。村人に、なぜ昔の格好をしないのか尋ねると、「遅れていて、恥ずかしい」という答えが返ってきました。

　教会の牧師を務める村人がある日、私の住んでいた家（小学校の教師用に建てられた小屋ですが、あまりに辺鄙なため教員が逃げてしまい、空き家でした）にやってきて、今から自分が言うことを書き留めろと言います。そして「政府は飛行場に金を出すべき」から始まり、教会、換金作物栽培、草刈り機・ガソリン・無線機、学校…と援助の対象を並べ上げました。それは願望というよりもっと強い、要求といった口調でした。人々が「自然に囲まれ満ち足りて」暮らしてなどはいないということを思い知らされたのです。

西洋世界との出会いとその影響

　ミアンミンの人々が最初に植民地政府と接触するのは1950年のことです[7]。キアップは部族間戦争の停止を言いわたし、定住を促します。しかし7年後、周辺部族との間に抗争が起き、植民地政府は懲罰のため、160人の大部隊を派遣して25人の村人を逮捕し、ウェワクで懲役刑に処します。刑期を終えた村人は村に帰り、キリスト教、ピジン語を伝え、飛行場の建設に着手します。

　これは標高の高いミアンミンの中心部の地域で起こったことですが、ホットミンの村でも、まったく同様の出来事がありました。1955年に植民地政府との最初の接触があり、人々は塩・石鹸・マッチ・鉄斧を贈られます。その4年後、ホットミンの人々が下流の別の部族を襲撃する事件が起き、15人の村人が逮捕され、ウェワクで服役しました。服役した村人は、この時初めて飛行機に乗って海を見たこと、飛行場の草むしりをさせられたことを語りま

す。刑期を終えた村人は、昔の服装ではなく、腰布を巻き、鉄斧を携えていました。

　それから間もなく、村人はプランテーション労働者として、ニューアイルランド島に行きます。帰還した村人は、ズボン、シャツ、タオル、石鹸、ナイフ、鉄斧、マッチ、剃刀、スプーン、皿、紙巻きタバコ…などを持ち帰りました。ホットミン村の既婚男子39名中16名がプランテーション移動経験者です。プランテーションから帰った村人の中には、町で買ってきた品物を並べた小さな店を営む者もありました。現金収入のない村で店があるのは不思議ですが、村人が外の世界で目撃した「ビジネス」の再現といえます。

　ミアンミンの人々は、もともと外部世界への関心と移動への強い志向性を持つ人々でした。しかし植民地化は、人々を固有の場所に閉じ込めることになります。ホットミンには1970年代の半ばに宣教師がやってきて、村人は植民地政府との接触以降も秘かに保管していた祖先の骨などの呪物をすべて捨て去ってしまいます。そして、飛行場と教会の建設に着手します。植民地政府や教会の教えに従うことは、村人にとってはその見返りに「開発」がもたらされるという期待がありました。しかし、その「契約」は果たされないままです。

　「昔シェルカンバン（ペニスケース）だけで生活していた頃は、皆幸福だった…政府は我々に、シェルカンバンやプルプル（腰蓑）を捨てるように言った。しかしそれに代わるシャツやズボンを与えてはくれなかった。われわれは一体どうすればよいのか…」。村人の葛藤を示す言葉です。

　ホットミンから熱帯林を抜け、1日歩いてたどり着いたフィアク村には、新

写真3　手作りの飛行場　　　　　　写真4　パイロットと交渉する村人
　（フィアク村、1984年）　　　　　　　（ホットミン村、1984年）

しい滑走路ができていました（写真3）。ブルドーザーもチェーンソーもないので、文字通り手作りで、7年かかったと言います。飛行機が来れば、手紙を託したり、病人を町まで連れて行ってほしいなど、様々な交渉ができるのです（写真4）。

　飛行機は、ミアンミンの人々と外部世界とを結ぶ「架け橋」です。懲役刑で飛行場の草むしりをしている時、プランテーションに出かけた時、村の飛行場にめったにやって来ない飛行機が降り立つ時、常に人々のまなざしの焦点に存在していました。無線もない村では、自分たちで飛行機を呼ぶことはできません。橋は一方通行であり、人々は今日も飛行機の来る時を待ち続けています[8]。

☞ **本章の問い**：①パプアニューギニアの国家と社会の特質について、発見したことを挙げてください。②ミアンミンの人々が「開発」を求めるのはなぜでしょう？　あなたはそれにどう応えますか？

第10章 ポートモレスビーのセトルメントと チンブー人移住者の暮らし

1. ポートモレスビーの都市空間とセトルメント

第三世界の都市問題

　第二次世界大戦後、第三世界の国々では、例外なく農村から都市への大規模な人口移動が生じました。なぜ人々は農村から都市に出てくるのでしょう。そこにはプッシュ（押し出し）要因と、プル（引き寄せ）要因があります。

　プッシュ要因としては、農村の貧困や、近代化に伴う階層分化、貨幣経済の浸透などで現金収入が必要となったことなどが挙げられます。プル要因としては、農村と都市の雇用機会や賃金水準の格差、消費機会の魅力などがあります。

　これらの国々では、都市のフォーマルな産業部門の雇用増を上回る、都市への人口集中が生じ、「過剰都市化」などと呼ばれたりもしました。こうした中で、都市の空閑地に掘立小屋を建てて住み着く不法占拠住宅地区（squatter settlements）が拡大し、インフラや都市サービスの未整備（上水道、電気、ゴミ収集…）などが、顕著な都市問題となります[1]。

　工場や会社などの近代部門に雇用されない人々は、露天商や輪タク運転手など、零細な小売業やサービス業で生計を立てることになります。こうした業種を、都市インフォーマル・セクター（urban informal sector）と呼びます。これは近代的な都市計画・経済政策の枠外にある、人々の生存戦略ですが、しばしば都市の発展を妨げるものとして、排除されることになります[2]。

ポートモレスビーの都市空間と市街地の拡大

　パプアニューギニアの首都ポートモレスビーは、人口36万4千人（2011年センサス）、ニュージーランドを除く太平洋島嶼地域で最大の都市です。植民

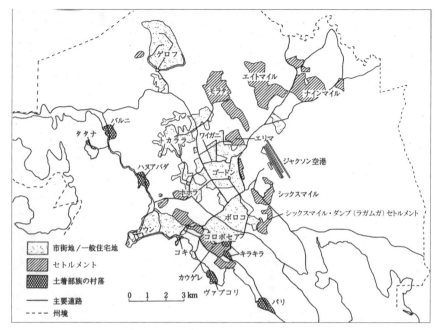

図1　ポートモレスビーの市街地とセトルメントの分布
（熊谷圭知『パプアニューギニアの「場所」の物語』九州大学出版会、2019、図6-1）

地時代からの市街地が「タウン」です。パプアニューギニアで高層ビルが並ぶ唯一の街です（図1）。

　すでに述べたように、パプアニューギニアでは、都市はもともと植民者（外国人）のための空間でした。周辺に存在した土着のモツ＝コイタの人々[3]の村落から家事使用人などとして日中働きに来る人はいましたが、市街地に居住することはできませんでした。

　第二次世界大戦後、オーストラリア領パプアと委任統治領ニューギニアを統合する行政中心地として、ポートモレスビーの市街地整備が進められます。ポートモレスビーの土地の多くは、大戦後政府に購入され、政府有地となりました。しかしまだ、周辺の3分の1の土地が、慣習法的共有地のまま残されています。

　市街地は次第に内陸部に拡大していきます。1950年代には植民地官吏向けの住宅地としてボロコが開発され、郊外の中心地となります。周辺の海岸部の村からやってきた人々が、建設労働者として働きました。彼らは最初建設現場

の労働者宿舎などに収容されましたが、次第に家族を呼び寄せたりして、空閑地に自らの住宅を建てるようになります。これが、移住者の自然発生的住宅地（ピジン語で「セトルメント」）の始まりです。これは、西洋人が作り出した都市空間に、自らの生活の場所を構築していく実践でもありました。

　1960年代に入り、ようやくパプアニューギニア人向けの住宅地としてホホラが開発され、さらにトカララ、ゲロフなどの住宅地が作られます。これらの公営住宅は一戸建てですが、それまでの外国人向け住宅に比べ、小規模なもので[4]、村からやってきた親族や同郷者（ワントク）が寄宿することで過密になります。こうした住宅事情の中で、セトルメントはさらに拡大していきます。

セトルメントの立地

　ポートモレスビーの人口の3分の1近くが、セトルメントに居住しています。1950〜60年代に形成されたセトルメントは、都心周辺部の丘陵地・傾斜地などに多く立地しています。1970年代以降は、拡張された市街地周辺（シックスマイル、エリマ）から、さらに郊外（エイトマイル、ナインマイル）へと拡大しています。1960年代後半からは、高地出身者のポートモレスビーへの移住が始まり、郊外のセトルメント住民の多くを占めるようになります。

　政府はセトルメントの存在を公認してはいませんが、排除されることもなく、黙認されてきました。それは公的住宅の供給が不足する中で、セトルメントが、実質的な居住の場所を提供している現実があるからです。しかしそれらのセトルメントの多くは、道路、電気・水道などが未整備で、ごみ処理などのサービスも行き届いていません。とりわけ、慣習法的共有地上に立地するセトルメントの環境が劣っています。そこには、植民地政府の土地取得をめぐり、モツ＝コイタの地権者との間に存在する確執が、政府によるサービス供給を難しくしている事情があります[5]。

セトルメントの多様性

　私が初めてセトルメントを調査したのは、パプアニューギニア大学留学中の1980年のことです。立地と住民の出身地の異なる3つのセトルメントを選び、比較調査して修士論文を書きました[6]。1984年以降、3つの中で最も居住環

境が悪く、住民の社会経済的地位も低い、高地地方のチンブー出身者のラガムガ・セトルメントに焦点を当て、住み込み調査を行なうことにしました。

2. チンブーの出身村

パプアニューギニア高地地方

　前章で述べたように、高地地方はパプアニューギニアの中で最も人口が稠密な地域です。人口の多くは、標高 1000 〜 1500m の谷や盆地に居住しています。熱帯としては比較的肥沃な火山性土壌を利用し、休閑期の短いサツマイモの焼畑農耕を行なって暮らしてきました。この地域の西洋文明との接触は、1930年代以降のことです。

　背が高く髪の毛が縮れている海岸部の人に対して、高地の人は背は低いが、がっちりした体躯で、すぐに見分けられます。高地人は集団での団結が強く、言動もエネルギッシュで、海岸部の人々からは脅威に思われてきました。

チンブーの村の人々

　私は 1986 年と 1996 年の 2 回、ラガムガ集落住民の出身地であるチンブー州グミニ郡の村（ディア村とオンダラ村）を訪ねました。

　ディア村は、州都クンディアワから車で 3 時間の、切り立った尾根上に位置しています。急斜面に、自給用作物であるサツマイモやバナナの畑があります（写真 1）。二次林を焼いて畑を拓き、豚除けの柵を作るところまでは男の

写真 1　急斜面のサツマイモ畑
（ディア村、1986 年）

写真 2　豚を連れた女性
（オンダラ村、1986 年）

仕事ですが、日常的な畑仕事と収穫、家畜の豚の世話は女の役割です（写真2）。集落近くの平坦な土地ではコーヒー栽培も行なわれていますが、その収入は男が管理しています。

　10日間の滞在中に移住歴を聞き取った65人の成人男性のうち、半数以上の38人がポートモレスビーに移住経験をもっていて、驚きました。州都までは道路が通じているとはいえ、首都に行くには飛行機に乗らなければならず、その金額も当時100ドル以上しました。それほど気軽に訪ねられるはずはないのですが、人々の好奇心の強さと、ポートモレスビーに行けばセトルメントにワントクがいて面倒を見てもらえることが、高い移動性を生み出していました。結婚前の男たちにとって、婚資を稼ぐことも移住の理由になっていました[7]。

　10年後の1996年に再訪した時、ディア村は「部族紛争」[8]で焼き払われ、場所を移していました。部族戦争は植民地化以前から存在しましたが、近年急激な社会変化に伴って、紛争がむしろ増加しています[9]。教育や医療サービスの改善は見られない一方、戦争の武器は伝統的な弓矢から手製の銃に代わって死者も増加し、賠償（紛争の原因を作った人や親族が、自分たちに加勢して亡くなった人に対して行ないます）の交渉も長期化して、社会不安が増していました。村の暮らしの中で、婚資や賠償金など現金の必要性が増していることは、さらなる都市への押し出し要因となっています[10]。

3．チンブー人移住者のセトルメントでの暮らし

ラガムガ（シックスマイル・ダンプ）セトルメントの風景

　ラガムガ・セトルメントは、シックスマイルの交差点から20分ほど歩いた、市の大きなゴミ捨て場（シックスマイル・ダンプ）の奥にあります（写真3）。途中には東部高地州やセントラル州山間部のゴイララ出身者などのセトルメントが並んでいます。廃物が散乱し、ごみを燃やす煙と異臭の漂う中を通り抜けると、丘陵に囲まれた集落が姿を現わします。

　平日の昼間の集落にはけだるい雰囲気が漂っていて、仕事がなく居残っている人たちは、戸外の日陰で雑談したり、昼寝したり、賭けトランプに興じたりしています。夕方になると，学校帰りの子どもたちや，仕事あるいは暇をつぶ

写真 3　シックスマイル・ダンプの風景
（1986 年）

写真 4　ダンプから薪を得て帰る父子
（1986 年）

写真 5　水道栓の周りに集まる女性と子供
たち（ラガムガ、1986 年）

写真 6　住宅と家族（ラガムガ、2001 年）

しに街に出ていた大人たちが戻ってきて、集落は活気を取り戻します。灯油ラ
ンプの灯りの下、インスタントコーヒーの茶店や玉突き台の周りに人々が集ま
り、賑います。週末になると、ビールを闇売りする店 [11] には、男たちがたむ
ろして奇声を上げ、時には酔っ払った男が大声でわめき散らしはじめることも
あります。週末を除けば、夜 12 時ごろには集落は静かになります.

　1980 年の最初の調査時には、住民は単身男性がほとんどでしたが、その後
屋外水道栓が数本引かれ、女性や子供の数も増えて家族の生活が増えてきまし
た（写真 5）。当初 100 戸に満たなかった住宅数は、2001 年には 250 戸を超え
ていました。住宅の多くは中古の木材にトタン板などを貼り合わせて作られて
いますが、その大きさや質は様々です（写真 6）。宗派を異にする 4 つの教会
もあります。

108

都市農業

　現在、集落を取り巻く丘陵には、広大な畑が開かれています。もともと灌木と草原だったこの土地を開墾し、耕地化したのは、ラガムガ集落の住民たちです（写真 7）。急傾斜の斜面に畑が連なる風景は、彼らの故郷であるグミニの村の風景を思い起こさせます。畑では、ピーナッツ、トウモロコシ、カボチャ、サツマイモなどが作られ、市内の公設露天マーケットで販売されます。村では自給用に作られるこれらの作物は、街では「換金作物」です。この「都市農業」は、フォーマルな賃金職を得る者の少ないこの集落の人々にとって、貴重な収入源となっています。農耕に従事するのは、主に女性と高齢の男性です。

住民のライフヒストリーから

　1995 年に住民から聴き取ったライフヒストリーの一部を紹介します。

　カウレ（仮名、以下同じ）は、60 代前半（1985 年当時、以下同じ）の男性で、都市農業に従事しています。彼は、第二次世界大戦中、チンブー州で大きな飛行機が爆弾を落とすのを見ています。州都のクンディアワ周辺の村人たちは徴用されたが、自分たち遠い土地の人間は逃げたと言います。彼は 1962 年に、最初の村長に任命されます。しかし結婚して間もない長女が亡くなり、悲しくて村に居られなくなって、1973 年にポートモレスビーに出てきました。彼は集落の中で一番広い畑を持っていて、1 シーズンに 1,000 キナ（10 万円）以上稼ぐと言います。その金で、毎年村に帰っています。

　トニーは、40 代後半の男性です。彼が父や親戚と一緒に初めてポートモレスビーに来たのは 1966 年。2 年目に白人家庭の家事使用人の仕事を見つけ、1 年間働きます。その後は何度も村とポートモレスビーの間を往復して、様々な仕事に就きますが、最後に就いたのは警備員の仕事でした。3 年間働いた後で、叔父が病気で亡くなり、悲しみのあまり彼は自分の指を切って帰郷を願い出ます（肉親が亡くなった時に指を詰めるのは、しばしば高地地方で見られる慣習です）。雇用主は往復の航空券をくれようとしますがその妻が反対し、喧嘩して仕事を辞めます。その後、一度警備会社に復職しますが、やはり 3 年働いた後、帰郷休暇を申請したが認められず、退職します。以来定職にはつかず、雨季には畑の収入で生計を立てています。トニーのように、親しい家族が亡くなった

時など、人々は何をおいても帰村しようとします。しかしそれは競争的な都市の労働市場の中で、獲得したフォーマルな雇用を失うことを意味しています。

　サリー（40代、女性）は、夜集落内でインスタントコーヒーの屋台を商っています。屋台といってもテーブルの上に保温ジャーとカップが置いてあるだけですが、いつも賑わっています。客が来ると粉ミルクと砂糖を入れたコーヒーを一杯40トヤ（当時約40円）で供します。彼女がこの商売を始めたのは、居所が定まらず家に金を入れない夫に代わって、5歳の娘を養うためでした。私の試算では、彼女の純利益は1日5〜10キナ（500〜1000円）くらいで、集落の男たちのポピュラーな職である警備員の収入とそう変わりません。

　ジミー（20代、男性）は、学校を卒業してすぐ（15歳くらい）、ポートモレスビーに出てきました。母が早く亡くなり、父も部族戦争で死に、兄や他の親類は皆ポートモレスビーに出て来ていて、村で面倒を見てくれる人がいなかったためです。彼は、従兄弟の口利きで警備会社に務めますが、不正を働いたマネージャーとの間にトラブルが起こり、辞めさせられます。今はワイガニにある教会の幼稚園で教え、わずかな給与をもらっています。親戚の夫婦と同居していますが、食費はきちんと分担しています。彼は、町では金がなければ生きていけないので、村の暮らしの方がよいと言います。

　パウラ（50代、女性）は、私が居候していたホストファミリーの母親です。彼女は、1979年に夫・子供たちと一緒にポートモレスビーにやって来ました。夫のウェミンによれば、ポートモレスビーに出てきたのは、長男が通う地元の

写真7　ラガムガ集落周囲の畑を耕すウェミン（1995年）

写真8　ボロコの露天で商うパウラ（2005年）

高校が部族戦争で休校になってしまい、教育を受けさせたかったからです。彼女は、雨季には畑作物を公設市場で売りますが、乾季には、集落の中で小麦粉を揚げたドーナツ（フラワーと呼ばれます）を売ったり、ボロコの街頭でブアイ（ビンロウジ）やピーナッツなどを売って収入を得ます。しかし、街で売っていたブアイは、しばしば取り締まりにあって没収されるようになっていました。

都市空間の近代化と露天商の排除

　ブアイはビンロウヤシの実ですが、パプアニューギニアの人々に欠かせない嗜好品です[12]。石灰と一緒に噛むと口の中が真っ赤になり、唾を吐くと赤い染みがコンクリートに付いて取れなくなります。1990年代の半ば頃から、首都政府がポートモレスビーの都市空間の近代化と美化に熱心になり、ブアイの販売が禁じられ、露天商も厳しく取り締まられるようになっていました。

【コラム】パプアニューギニアの総選挙と男性優位の政治

　日本の政治が男性優位であることは国際的に有名です。しかしそれ以上に男性優位なのが、パプアニューギニアの政治です。2007年の総選挙（小選挙区制）で当選した109人の国会議員のうち、女性はわずか1人だけでした。それもキャロル・キドゥというパプアニューギニアに帰化したオーストラリア人女性です。つまり生粋のパプアニューギニア人女性は一人も国会議員になれなかったことになります。キドゥ氏はポートモレスビー南地区選出で、裁判官だった亡き夫の出身である地元のモツ＝コイタの人々から支持を得るとともに、賄賂や不正と無縁のクリーンな政治家として人気の高い人でした。彼女の引退後、2012年総選挙では3人の女性が当選しましたが、2017年総選挙では3人とも落選し、女性の国会議員は皆無となってしまいました。

マイケルの選挙運動

　私のホストファミリーの次男のマイケルが、2007年の総選挙に立候補しました。彼は零細な自営業者で学歴も資産もないのですが、こうした普通の人も立候補してしまうのがパプアニューギニアの選挙です。1つの選挙区に30～40人が立候補します。彼が立候補した選挙区はポートモレスビー北東地区で、ここ

はセトルメントが多く、高地出身者の人口が多いところで、これまでも高地出身の候補者が当選しています。彼は、ラガムガ集落を離れて、ナインマイルのマカナ地区に住んでいました。

　選挙運動といっても、候補者は各自ポスターやビラを作るくらいで、選挙カーでのアナウンスも公の掲示板もありません。政党の支援もないマイケルは、地元のセトルメントの入り口に、青いビニールシートをかけた選挙小屋を作り、あらかじめ集めてもらった選挙区内の支持者の所に出かけて遊説をしました。支持者たちはトラックに分乗して、祭りや戦争の時のように大声（ビックマウス）で気勢を挙げながら移動します。マイケルは、自分はセトルメントの代表で、セトルメントの土地や居住権を保証するという公約を訴えていました。

　週末の夜には、選挙小屋に支持者たち（ワントクを超え他州出身者も多数含まれていました）が集まり、賑わいました。マイケルの家族や親戚の女たちは、コーヒーや食事の世話をしました。最後に、集まった男たちは順番に立ち上がって演説したのですが、短くて力強いスピーチで、パプアニューギニアの男たちが弁舌でリーダーシップを競うメラネシアのビックマン文化を体現していることを感じました。

　マイケルの選挙結果は 31 人中 7 位と健闘しましたが、選挙の出費が嵩みました（事前運動では、名前を売るために選挙区の人々に日常の細々とした援助をしなければなりません）。妻のクリスティーンは有能な露天商で、7 人の子供の学費を含め家族の生活を支えていたのですが、彼女の貯えも夫の支援で底をつき、生活は苦しくなってしまいました。

　パプアニューギニア中の人々が熱狂し、誰もが立候補できる幻想を振りまく「超民主的」選挙は、現実には、もっぱら男たちの自己満足の世界です。そこでは公共の利益よりも、目先の私利を優先する構造が再生産され、再分配よりも、持てる者と持たざる者の間の格差を拡大することに貢献してしまっているようです。

住民の社会経済状況

　2001 年に、私が若手住民 5 人に協力してもらって行なったラガムガ集落の悉皆調査によれば、総世帯数は 262、人口は 1,094 人（男 622、女 472）でした。成人人口は 644 人で、このうち何らかの収入を得ている者は 460 人、そのうち定期的に収入を得るフォーマルな職に就く者が 216 人（男性の半数程度）です。

職種を見ると、公務員や警官、運転手などもいますが、警備員、掃除夫、店員など低収入で不安定な雇用が大半を占めます。一方、露天商などインフォーマルな職に就くものは165名で、そのうち8割が女性でした。そこから見えてきたのは、夫が警備員など低収入のフォーマルな雇用に就き、妻やその他の家族員が露天商などのインフォーマルな職で支えるという構図です。

　ポートモレスビーは、グローバル化に伴う都市間競争の中で、パシフィックゲーム（南太平洋諸国が4年1度開催する競技大会）やアジア太平洋諸国会議（APEC）を主宰するなど、グローバルスタンダードの都市空間づくりを進めています。それにより露天商が厳しく排除され、生計手段が奪われることで、底辺のセトルメント住民の暮らしは厳しさを増していました。

 【コラム】パプアニューギニア都市にはなぜ犯罪が多いのか

　パプアニューギニア都市は、犯罪の多さで有名です。特に多いのは、盗難、押し込み強盗、性的暴行などの犯罪です。パプアニューギニア都市の住民が1年間に強盗に襲われる確率は10%に達し、これは治安の悪い都市として知られるヨハネスバーグや、リオデジャネイロより高い数字です[13]。

　なぜ、そんなに犯罪が多いのでしょう。「貧しいから」という理由はあてはまらないようです。パプアニューギニアの人たちは皆「村に帰れば食べられる」と言いますし、土地があり、自給的生産様式が完全に失われていないことは確かです。失業者は多いのですが、パプアニューギニア都市には物乞いの姿はありません。ワントクのセーフティネットの中で、誰かが面倒を見てくれるからです。

　そこには、ジェンダーを含む社会の構造と、都市の空間構造が関わっています。

　犯罪を冒すのは、ほとんどが未婚の若い男たちです。学歴を持たず、職獲得の可能性も低い男たちにとって、家族を持って地道な暮らしを積み重ねれば少しずつ暮らしが良くなるという希望を持つことは困難です。一方で、ワントク（同郷者）の結びつきが強く、他集団を文字通り「他者化」してしまう傾向の中で、身内からの犯罪への制裁は弱く、犯罪を冒しても失うものが少ないという状況を作り出しています。

　さらに犯罪を助長しているのは、都市空間の構造です。パプアニューギニア都市は、植民地時代に西洋人のための空間として作られました。オーストラリア都市をモデルにした分散的な市街地と土地利用の分化（ゾーニング）は、自

動車交通を前提としていて、庶民には住みにくい街です。市街地の間に誰の目も届かない空閑地が多く存在することは、犯罪の被害にも遭いやすくしています。

　治安が悪いという理由で、夜になるとPMV（Public Motor Vehicle）と呼ばれるマイクロバスの公共交通はストップし、競技場で夜にスポーツ試合が開催されるなどの楽しみもありません。自家用車を持つ裕福な階級以外、レストランなどで夜の娯楽を楽しむこともできず、自宅に閉じ込められ、集う場所もないのです。

　都市とは異質な人々が共同して作り出す社会空間です。パプアニューギニアでは、異なる出自や階層の人々が相互作用して、都市の公共性が生み出されるような場所が存在しないところにも、犯罪の多さの一因があると思います。露天商などのインフォーマル・セクターを奨励して、アジアの都市に見られるような夜の賑わいと活気をつくりだすことは、人々に所得機会をもたらすだけでなく、人の眼を作り出すことでむしろ犯罪を抑止し、閉塞した都市空間にワントクを超えた相互作用の機会を作り出すと考えるのですが、どうでしょうか。

☞ **本章の問い**：①ポートモレスビーの都市空間とセトルメント、露天商の関係性について、何を発見しましたか？　どのような都市政策が取られるべきと考えますか？　②チンブーの人々は、なぜ都市に移動するのでしょう？　また、なぜ都市の暮らしで困難を抱えてしまうのでしょうか？

第11章　ブラックウォーターの人々と 「場所」の知

1．ブラックウォーターという場所

　ブラックウォーターは、セピック川南部支流域に位置します（図1）。9章で紹介したミアンミンの人々の住むのもこのエリアです。都市から遠く、人口希薄で、小規模な集団が散在しているのが特徴です。集団の分布は、西に行くほど疎らになります。ここには道路はなく、小型飛行機と船外機付きカヌーが主な移動手段です。インフラ整備が遅れ、保健医療・教育などのサービスも十分

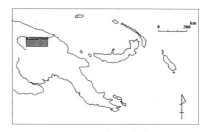

河川名

1	May River	**6**	Salumei River
2	Frieda River	**7**	Korosameri River
3	Leonard Schultz (Wario) River	**8**	Karawari River
4	Wogamush River	**9**	Arafundi River
5	April River	**10**	Yuat River

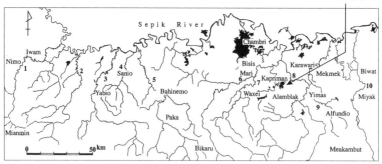

図1　セピック川南部支流域と民族言語集団の分布
（熊谷圭知『パプアニューギニアの「場所」の物語』九州大学出版会、2019、図 8-1）

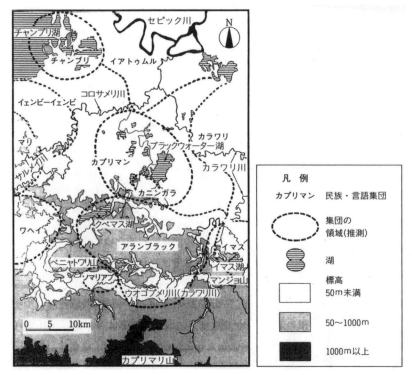

図2　ブラックウォーターと周辺の民族言語集団の分布
（熊谷圭知「パプアニューギニア、ブラックウォーターの人々の歴史と空間」、熊谷
圭知・西川大二郎編『第三世界を描く地誌』所収、古今書院、2000、図 1-2）

行き届いていません。

　ブラックウォーターは、川の名であり、湖の名でもあります。泥炭湿地特有
の、黒く沈んだ水の色に由来します[1]。水域は雨の量によって短い周期で大
きく変動するので、広義の氾濫原、あるいは大きな水たまりといった方がふさ
わしいかもしれません。海岸の町ウェワクからセピック川まで車で4時間、そ
こで船外機付きのカヌーかボートに乗り換え、どこを起点にするかによって違
いますが、およそ4〜7時間でブラックウォーターに到着します。

　私は、1986年にカラワリ川からブラックウォーター、その奥にあるグベマ
ス湖の村々を巡り、その中でクラインビットを調査村として選びました。これ
まで22回訪れています。1回の滞在は1カ月から、最近は1週間程度です。

　ブラックウォーターには、2つの民族言語集団が存在します（図2）。カプリマンとカニンガラです。カプリマンの南には、アランブラックの人々が住んでいます。いずれも、サゴヤシから採取する澱粉を主食とする暮らしをしています。

2．ブラックウォーターの人々の生活様式

サゴ澱粉の採取

　カプリマンの人々の主な生業は、サゴヤシ澱粉の採取（カプリマン語でナタ）と漁労です。泥炭湿地でほとんど畑作物は作れないため、サゴ澱粉に依存しています。

　サゴヤシは泥炭湿地に自生するトゲだらけの木で、成長すると 15m 以上になります。成熟した木を切り倒して皮を剥ぎ、中身を叩いて細かく砕き、籠の中に入れて上から柄杓で水を流すと、網目から澱粉を含んだ水が流れ出します。それを旧いカヌーなどに貯めて、最後に水を空けると、底にびっしりと片栗粉や葛粉のような白い密な澱粉が溜まっています（写真1）。これを固めて保存しておきます。1本のサゴヤシの木から、一家族なら1カ月以上食べられる量の澱粉がとれますが、サゴ採取はふつう数家族で行なうので、2週間に1回程度はサゴ採りに行く必要があります。しかしサゴヤシを切り倒し、澱粉を採取し終えるまでの作業は、大体一日のうちに完了しますし、畑作物のように毎日世話をする必要はありませんから、労働生産性は大変高いといえます。

写真1　サゴ絞り
（クラインビット村、2008 年）

写真2　サゴを焼く女性
（クラインビット村、2008 年）

　カプリマンの人々は、サゴヤシをナールとゲールの 2 つに分けます。ナールは食用のサゴです。ゲールは澱粉の量が少ないので、これまではもっぱら壁材や、後述するサゴ虫の繁殖用に用いられてきましたが、最近では人口が増えてサゴヤシが足りなくなり、食用にもされるようになりました。

　サゴの食べ方は、焼くか、茹でるかのどちらかです。焼く方が多く、土器のフライパンにサゴ澱粉を薄く延ばして、お好み焼のようにして食べます（写真2）。茹でサゴの方は、葛湯のような食感になります。

漁労と狩猟

　サゴヤシは、米やイモと違ってほとんど 100％澱粉なので、それだけでは栄養失調になってしまいます。動物性タンパク源として最も重要なのは、湖で獲れる魚です。漁労は男も女も行ないます。毎朝早く、手漕ぎのカヌーで魚獲りに出かけます。定置網を仕掛ける漁法が多く用いられます（写真3）。魚は焼いたり、スープに入れるほか、燻製にして保存されます。

　狩猟は男の仕事というより、楽しみです。夜懐中電灯を持って森に出かけ、野豚やヒクイドリ、有袋類のバンディクート（フクロウサギ）などを獲ってきます。ワニ狩りも行なわれます。カヌーの上からロープのついた銛を投げ、仕留めます。肉は皆で分けて食べます（写真4）。面白いのは、豚もワニも、祖先神話に登場する大切な動物なのに、肉食にタブーがないことです。

写真 3　定置網で魚を獲る女性
（クラインビット村、2012 年）

写真 4　仕留めたワニを前に
（クラインビット村、2017 年）

写真5　ゲブカの採取風景／採りたての虫を口に
くわえる女の子（クラインビット村、2011 年）

写真6　焼きサゴとゲブカ
（クラインビット村、1993 年）

サゴ虫（ゲブカ）の採取

　村人の大好物が、サゴヤシを食べて育つゾウムシの幼虫（ゲブカ）です。サゴヤシの木（ゲール）を切り倒し傷をつけておくと、ゾウムシが卵を産み付け、中で幼虫が育ちます。それを切り開いて採取します（写真5）。

　村人は生でも食べますが、ふつうは葉に包んで蒸し焼きにしたり、スープに入れたりします（写真6）。癖のない味で栄養価も高いのですが、問題は外見で、虫と思うと手が止まります。しかし、日本でも虫を食べる文化はあります（イナゴや蜂の子など）[2]。逆にニューギニアでは生の魚は食べませんから、日本人が刺身を食べるというと、なんて野蛮人なんだという顔をされます。

3．ブラックウォーターの人々の世界観

精霊堂（男の家）

　クラインビット村の中心には、かつて「精霊堂」（ピジン語でハウスタンバラン／カプリマンの言葉でルモンズ）がそびえていました（写真7）。高さ10m 以上ある、男だけの空間です。成人儀礼（カッティムスキン／ナンソト）を受けていない男や、女性・子供は入ることができない特別の場所で、儀礼が行なわれたり、秘物が安置されていました。2002 年に老朽化したため取り壊され、現在再建途上で、小さな男の家で代用されています。

写真 7　旧精霊堂
（クラインビット村、1990 年）

写真 8　タジャオ
（クラインビット村、2013 年）

祖先の「場所」の共有

　カプリマンの人々の村は、ブラックウォーター周辺に 6 つあります。伝承によれば、もともと人々はもう少し標高の高い場所に住んでいたのですが、サゴヤシなどの食べ物が足りなくなり、食料資源の豊富な低地に下りてきました。

　カプリマンの人々の共通の祖先の地が、ブロゴイオントクという小さな丘です。オントクとはカプリマン語で「村」ですから、「ブロゴイ村」ということになります。このブロゴイ村は、ブラックウォーターの湖と湿地林を望む最前線に位置しています。ブロゴイ村には、石が環状に並べられていて確かに人が住んでいた跡があります。移住史を詳しく聞いていくと、ブラックウォーターへの定住過程には、いくつかのルートがあり、隣接する集団間との争いや混淆も生じたようです。しかし自分たちはブロゴイ村という祖先の場所を共有するというのが、カプリマンという集団のアイデンティティをつくり出しています。

祖先の動物と混淆

　カプリマンの人々には、祖先を同じくすると観念される集団（クラン）があり、土地利用や結婚相手を選ぶ時などの基本単位となっています。それらの集団のシンボルとなるのが、ワニ、豚、ヒクイドリ、ワシ、オウム、インコ、サイチョウなど、周囲の環境の中で人々の視線を集める動物たちです。

120

豚クランの祖先神話は、祖先の1人が豚で、人間の女を妻にしていたが、その子供（仔豚）を射た人間の男と妻が結婚し、自分たちが生まれたという話です。精霊堂の柱には、動物や鳥たちが人間と混ざり合う造形が彫られています。タジャオ（写真8）は水の中に棲むとされる精霊で、ワニと鳥がモチーフです。人々の世界観は、周囲の自然と人間世界の混淆に彩られています。

4．外部世界との出会い

植民地政府の力との出会い

ブラックウォーターの人々が、初めて植民地政府と接するのは1930年のことです [3]。その後、1933〜34年にかけてこの地域で起こった部族紛争の検分に訪れた巡視官が、ガバマス村などで5人の犯人を逮捕します。この5人はラバウルで裁判にかけられ、死刑判決を受けます。1935年1月に管区行政官のタウンゼンドが自ら主導し、5人をガバマス村で公開絞首刑に処しました。こうした残酷な手段が取られたのは、部族間紛争を止めさせるための見せしめでした [4]。

その結果、部族紛争は収まり、定住が促されます。もともとカプリマンとその周辺の諸集団の範囲や領域は流動的だったのですが、それが固定化されることで、「民族集団」が実体化されることになります。

日本兵との出会いと記憶

ブラックウォーターの人々が次に出会った外部者は、日本兵でした。1945年3月から7月にかけて、小隊ごとに分かれて、ブラックウォーターからグベマス湖に至る村々に日本兵が駐留しました [5]。

直接日本兵と出会った世代はほとんど他界してしまいましたが、クラインビットの村人は、口頭伝承を通じてこの体験を今も鮮明に記憶しています。たとえば、その時駐留した兵隊の名前、憶えた日本語（キヲツケ、ヤスメ、ワニ、ブタ、ヤシ…）、日本の唱歌（モシモシカメヨ、アメフリ）などです。

日本兵の記憶の中には、手品がうまい兵隊がいて見せられたり、一緒にシンシンを踊ったという楽しい思い出もあります。驚いたのは、日本兵が村人に銃

を渡して狩りに行かせたという語りが（村人からも、駐留した日本兵からも）聞かれたことです。銃を向けられる危険があればできないでしょうから、クラインビット村では日本兵と村人の関係は良好だったことがうかがえます[(6)]。

長老の記憶と語り

　私が移住伝承などを聞き取った長老に、日本兵との体験を話してもらいました。手品などの懐かしい思い出の後、彼が語ったのは、それが「ハードワーク」だったことでした。日本兵を養うために、村人は少年も含めて担当を決められ、毎日雨の日でも食べ物を取りに森へ行かなければなりませんでした。

　「（日本兵は）もし日本が戦争に勝ったら、自分たちを助けてくれると語った。一つ一つの村によいサービスを届けてくれると。自分たちはその言葉を信じて日本兵を助けた」、「お前たちはトーキョーに来て、自分たちはニューギニアに来るようになる。自分たちはニューギニア人と結婚し、お前たちは東京で（日本人と）結婚するようになる…と」。しかし「日本は負けて、帰ってしまった。それをどう思うか」と私が尋ねると、「それは彼ら（日本人や政府）の考え次第だ。もし彼らがわれわれの大変なハードワークに心を痛めるなら…そのハードワークを知ったうえで、どんなヘルプ、サービスを与えるべきか。それを考えるのは日本の政府の仕事だ」と彼は結びました。

　ブラックウォーターの村々の日常にも、腕時計やラジオ、ヤマハの船外機などの日本製品が入り込んでいます。戦争に負けたが豊かになった日本と、開発から取り残された自分たちという対照。複雑な思いがそこには滲んでいます。

 【コラム】秘境観光のまなざしと村人

　『カンニバルツアーズ』（Cannibal Tours）という映画があります。オーストラリアのデニス・オルークが、1987年に制作したドキュメンリー風の映像で、YouTubeでも観ることができます。「カンニバル」は人食いの意味で、欧米の観光客が、セピック川周辺を訪れ「人食い人種」を見る旅です。映画では、3食エアコン付きの豪華客船で居心地の良い宿泊空間を確保しながら、スピードボートで近隣の村々を訪ね未開の文化を体験する観光客たちの振る舞いと、それを迎える地元の村人たちの複雑な感情の間のギャップが描かれています。

　私がフィールドワークを続けてきたクラインビットの村にも、1993年にはこのツアー客がやってきていました。観光客が来る日、村にはそわそわした空気が流れ、踊り手になる村人はふだんの服を脱いで、伝統的な衣装に着替えます。村に着いた観光客には、囲いの中で村人の踊りを見せ、その後精霊堂に案内します。精霊堂は本来女人禁制なのですが、観光客は別格です。精霊堂見学の後、床下の木彫が並ぶエリアを巡ります。村の男たちは縁台に座り、自分の作った木彫が売れるのを期待しながら見守っています。暗い床下から、木彫を外に持ち出して眺めようとした観光客が村人に叱られるのを見たこともあります。これらの彫刻は現在ではほとんど土産物用に作られているのですが、まだ女子供に大っぴらに見せてはいけないというタブーが残っていたのです。観光客の滞在時間は正味30分程度で、観光客が帰った後は文句が飛び交います。「観光客は金持ちなのに木彫を買わない。ケチだ」、「自分が作った木彫を値切ろうとした」…といった具合です。木彫を値切られると怒るのは、品物が作り手と切れていない、つまり完全に商品化されていないからです。値切られることは、自分が貶められたと感じるのです。

　村にはタジャオや秘密の竹笛など、観光客に見せない「本物の文化」があります。竹笛を吹く技術は、観光化されないことで一時消滅しかけましたが、長老たちが若者に教え、何とか残りました。

　不満を述べる村人に、どんな観光だったらよいのかと聞くと、もっと時間をかけて滞在してほしいという答えが返ってきました。受け身の観光ではなく、主体的に自分たちの文化の良い部分を見せたいという思いがあるようです。

← 伝統的な衣装に着替えて観光客を待つ村人
↑ 村人にカメラを向ける観光客
　　　　　　　　　　　（いずれも1993年撮影）

5.「場所」の知の行方

場所に根差す知

　ブラックウォーターの人々は、精緻な「場所に根差す知」を保有しています。そこには、3 つの次元が存在します（図 3）。

　第 1 に、人々が自らの自然環境（土地、水、植物、動物…）とその利用に依拠しながら、作り上げた知（生業あるいは「経済」の次元）です。第 2 に、人々が同じ場所で生きる中で作り上げた社会的な関係性です。そこには、集団の組織化の原理や、個人と集団の関係性、資源利用の規範などが含まれます。これは「社会」の次元です。そして第 3 に、人々が場所に対して持つ観念と価値づけで、クランのシンボルや祖先神話などがあります。これを狭義の「文化」と呼んでもよいでしょう。

　重要なのは、これらの 3 つの次元は、いずれも人々が生きる具体的な場所とは切り離せないものであり、相互に不可分に結びついていることです。したがって、資本主義的な経済原理に包摂されたり、人々が都市に移住したりするとき、

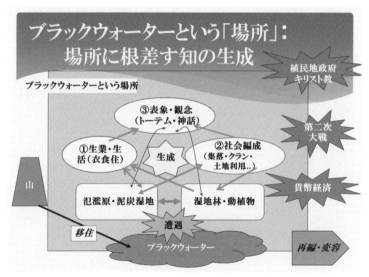

図 3　ブラックウォーターの「場所に根差す知」の構図　（筆者作成）

124

場所に根差す知はその価値を失い、無力になってしまいます。

町 vs. 村

　ブラックウォーターの人々が町に出ていくためには、船外機のガソリンが必要です。ガソリン価格は、セピック川流域の村では1ガロン（約4リットル）23キナ（2010年代で約800円）なので、石油産出国にしては高価です。州都ウェワクは人口1万人余りの小さな街ですが、商店にはオーストラリア産の米やコンビーフ缶、サバ缶、マギーのインスタントヌードル、コカコーラ、ビール…など都会の消費物資が溢れています。

　「村」は、ピジン語で「プレス」(*ples*：語源は英語の place) です。人々にとって、本来の自らが帰属する「場所」が「村」であり、皆「できれば村で暮らしたい」と言います。しかし、料理に使う塩や、身体を洗う石鹼、そしてランプの灯油など、村では手に入らない必需品を買うには町に行かなければなりません。町に出た途端、人々が持つ精緻な場所に根差した知はその価値を失い、ただの貧しい「田舎者」（ピジン語で「カナカ」）になってしまいます。

　「私たちは祖先と同じ暮らしをしている」。私が2006年に30代の女性から聞いた言葉です。これは、伝統を守っている誇りではなく、現金がなくて昔と同じ暮らしをせざるを得ないという嘆きにほかなりません。

　最近では、パプアニューギニアでも携帯電話が普及し、クラインビットの村人の多くも持つようになりました。村の近くにアンテナが立ったので、時には村から直接日本に電話がかかってくることもあります。携帯電話機自体は3千円くらいから買えますが、プリペイドカードを買うお金がないので、村人はいつも電話を待ち受けています。

☞ **本章の問い**：①クラインビットの村人と日本兵とのかかわりを知って、どう考えましたか？　②ブラックウォーターの人々の「場所に根差す知」の存続は可能でしょうか？

第12章　かかわりとしてのフィールドワーク

1．フィールドワークとその課題

フィールドワークとは何か

　私は、フィールドワークを「研究対象が存在する場所に身を置きながら、文献や統計資料などでは得られない一次資料を集める調査の方法」と定義しています。研究対象が存在する場所に身を置くのは、単なる「手段」ではありません。調査対象の生活世界を身体と五感を通じて共有することによって、より深い共感的理解のための文脈と動機づけを得ることができるのです。

　フィールドワークの特徴は、調査者が調査対象の前に身を置くことです。それは、調査者と調査対象者のかかわり、絶えざる交渉の過程を生み出します。調査研究は権力的なものと批判されることがあります。それは調査研究者が自らの学問的関心のために、調査対象を一方的に表象し、その研究成果が調査対象者や社会に還元されないことによります[1]。『調査されるという迷惑』という本の中で、希代のフィールドワーカーである宮本常一は、何のために調べるのか、その結果がどうなるのかわからないまま、訊問されるような調査を「訊問科学」と批判し、調査に名を借りつつ、実は自分の持つ理論の裏付けをするために資料を探している人が多いと指摘しています[2]。

フェミニスト・エスノグラフィー

　調査研究が持ってしまう権力性について、最も真摯に考え、実践してきたのはフェミニスト・エスノグラファーたちです[3]。そこでは、女性の調査研究者が、一方的に調査対象者（多くは女性）を搾取するのではなく、調査対象者が力をつけること（エンパワーメント）につながるような研究がめざされます。しかしそれは容易なことではありません。「北」世界に属する研究者と「南」世界

126

の調査対象者との間には、人種・階級・国籍・生活機会の格差があり、調査後は自分の世界に帰ってしまう存在だからです(4)。

　一方、フィールドでは、調査研究者だけが能動的な主体で、調査対象者は常に受動的な客体というわけではありません。調査対象者／社会が、力を行使する主体となる場面もあります。たとえば、イスラム圏でフィールドワークする女性は、男性の同伴者なしで単身で調査することが難しかったり、受け入れ家族の一員として行動が制約されたりすることがあります。それは女性というジェンダーの問題が大きく作用していることは言うまでもありませんが、調査研究者が、フィールドという「場所」に取り込まれ、その一部となるからです。つまり、フィールドワークというのは、自己と他者、調査の主体と客体という二項対立的な線引きを揺るがす実践でもあるのです(5)。

フィールドワーカーとフィールドの間の不等価交換

　私が1993年8月にクラインビット村を4回目に訪ねた時のことです。当時の村長に次のように問われました。「お前が村に来てから何年になる？　その間、お前はこの村のことを本に書いたりして〈出世〉したかもしれない。でも、この村を見回してみるがいい。何か変わったか？　何も変わっていない。お前はそれをどう思う？　お前はこの村に何ができるんだ？」。

　私は、村に来る度、全村集会などで、自分の立場と、なぜこの村を訪ねているのかを説明してきました。自分は大学の教員で、日本の学生たちにパプアニューギニアの人たちとその暮らしを教えるのが仕事だ、というように。しかし、この言葉を聞いた時、それでは答えにならないと思いました。村長の言葉は、フィールドワーカーの責任を問いかけていたからです。

　この言葉を受けて、私が作ったのが図1です。たとえば調査研究者が参与観察（調査対象となる社会や人々の営みを共同体験することで内部者としての理解をめざそうとする調査方法)(6)を通じたフィールドワークを行ない、データを得るとします。調査研究者はそのデータを使って、研究発表したり論文を書いたりして、評価を得ます。つまり、自己の属する学問世界との間には、良い研究をすればよい評価が得られるという「等価交換」が成立しています。しかし、たとえ「参与観察」しても調査研究者はフィールドに何か与えているわけ

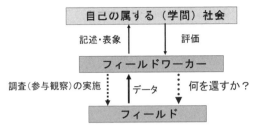

図1　フィールドワーカーとフィールドの間の不等価交換（筆者作成）

ではなく、厄介になっているだけですから、フィールドとの間の関係性は「不等価交換」です。したがって、この関係性を等価に近づけていくためには、調査研究者はフィールドに何かを還元することが求められることになります。

2．ポートモレスビーのセトルメントでの実践

参与観察で見えてきた現実

　私は、1984 年からポートモレスビーのラガムガ集落で参与観察調査を行なってきました。1980 年の修士論文調査の時は、調査表を携えての通いの調査でしたが、住みこんで初めて見えてきたことがいくつかあります。

　まず、ゴミ捨て場の奥にある、高地のチンブー出身者のセトルメントということで、「危ない場所」「犯罪者の巣」などと悪評の高かったラガムガ集落が、私にとって、治安の悪いポートモレスビーの中で一番安心安全な場所だったことです。よそ者は絶対入り込んできませんし、集落住民は顔見知りになった私を「ケイチ」「プロフェッサー」と迎えてくれます。ゴミを焼く臭いや、シャワーを浴びられないことなどを我慢すれば、枕を高くして眠れる場所でした。

　もう一つ新たな発見は、女性の役割の重要さでした。女性たちとも仲良くなり、雑談を聞いていると、「うちの亭主は給料もらってもみんなビール飲んじまう」といった話が出てきます。通いの調査で考えたように、男が「世帯主」でその収入が世帯収入というわけではなく[7]、逆に「職業は？」とあらたまって聞くと「ない」と答えていた（私はそれを「主婦」と見なしていた）女たちが、実は露天商などで家族の生活を支えていました。そこには、男が稼ぎ手であることを疑わない私自身のジェンダーバイアスが重なっていました。

128

セトルメント住民の困窮化と私の発信

　参与観察調査を続けるうちに、セトルメントを取り巻く環境は厳しさを増していきました。1990年代後半から、都市空間の近代化と美化が進んでいき、道路がどんどん広くなる一方で、ブアイ（ビンロウジ）の販売が禁じられ、露天商が排除されるようになります。

　こうしたセトルメント住民の苦境に対し、調査研究者として何ができるかと考え、私は自分の研究内容を伝えるため、大使館やJICAと接触するようになりました。あるシンポジウムで聴衆として発言したことをきっかけに、地元新聞の記者からインタビューを受け、私のセトルメントでの調査研究とその主張が、地元の新聞に掲載される機会を得ました（写真1）。私の見解はかなり政府批判も含むものでしたが、そのままきちんと掲載してくれました[(8)]。

　こうした出来事も手伝って、都市貧困問題にアプローチしようとしていたJICAのパプアニューギニア事務所からオファーを受け、専門家として1年間

写真1　「政府はセトルメントの面倒を見るべきである」
（1998年8月21日、Independent 紙［週刊英字新聞］掲載記事）

赴任することが決まりました。

JICA 専門家としての赴任

　私の専門家としての職務は「社会調査手法（都市貧困対策）」でした。といっても大学で社会調査法を教えるわけでなく、カウンターパートのパプアニューギニア大学のジョン・ムケ講師（西部高地州出身でセトルメントの調査に実績がありました）と協働して、セトルメントの調査研究を行ない、都市貧困対策に結び付くような提言を行なうというのが、私に期待された仕事でした。

　私が力を入れたのは、セトルメント政策に影響力を持つ国会議員や、州政府の役人たちへのアプローチでした。調査研究者なら外部から批判するだけでよいのですが、開発実践に関わるとなれば、現実を変えていく必要があります。そのために、セトルメント政策に影響力を持つ人たちと関係性を作り、私の調査研究の成果を共有してもらおうと考えたのです。

ワークショップの実施とその余波

　赴任して半年になる 2001 年 2 月 7 日、JICA の主催でセトルメント問題についてのワークショップを開催しました。国会議員、首都庁の官僚、地権者、セトルメント住民などのステークホルダー（利害関係者）に加え、国際機関や各国大使館などのドナー（援助供与者）や研究者、メディア関係者を招きました。午前中に私とムケ氏がまず調査成果を報告し、午後にはステークホルダーたちがそれに対してコメントする形で、夕方まで熱心な議論が続きました。

　ところが、翌朝の新聞を見て驚きました。代表的な日刊英字新聞のポスト・クーリエ紙に「セトルメントはますます暴力的になる」というとんでもない見出しの記事が掲載されていたのです。これはセトルメントが危ないところだというステレオタイプ（偏見）を助長するものでしたから、早速抗議の電子メールを送りました。2 週間後、ムケ氏とともに新聞社に呼ばれて話し合い、2 人の見解をあらためて紙面にきちんと掲載するということで合意しました。

　3 月 23 日の同紙に、一面大の私の論説記事が掲載されました。「ポートモレスビー：分断された都市」と題したその論説で私は、ポートモレスビーの都市空間の中で、持てる者と持たざる者の間の格差と、居住場所のセグリゲーショ

ン（分離）が拡大していること、それが集団間の差別と偏見を増し、犯罪の増大にもつながっていることを指摘し、セトルメントや露天商を排除するのではなく、都市空間・社会に統合していくことが必要であると主張しました。

パイロットプロジェクトの構想

2001 年 4 月に、首都庁のパイロットプロジェクトが公表されました。これは、慣習法的共有地のセトルメントにおいても、住民の地代支払いを条件に、地権者が居住権を承認し、政府がサービスを提供するという画期的なもので、その対象にラガムガ集落が選ばれていました。

プロジェクト公表を受け、ラガムガ集落には早速住民委員会が組織されて、毎晩のように活発な議論が繰り広げられました。私は住民が自分たちの環境改善に熱心ではないと感じてきたのですが、その印象が大きく変わりました [9]。

JICA 専門家としての任期を終えて帰国する前日、ラガムガ集落で私の歓送会が開かれました [10]。ちゃんとした舞台や横断幕やプログラムまで用意されていて驚いたのですが、壇上に立った住民委員会のメンバーたちから「プロフェッサーは自分たちを助けるために、長年調査してきたのだ」という言葉をもらったのは何より嬉しいことでした。自らの調査研究が、研究対象の人たち自身から価値あるものだったという評価をもらったからです。

残念ながらその後、このパイロットプロジェクトは、地権者間の争いにより頓挫し、ラガムガ集落はプロジェクト対象から外れてしまいました [11]。しかし後任の JICA 専門家たちの尽力で、コミュニティ開発プロジェクトが立ち上がり、首都庁役人も加わった参加型開発の手法による環境改善が、複数のセトルメントで実現しました。これまで、敵視や排除の対象でしかなかったセトルメントに首都庁役人が足を運ぶなどということは考えられませんでした。私の実践は、セトルメントへの社会の見方を変える役割を果たしたと思います。

3．クラインビット村での実践

私のフィールドワーク

私はクラインビット村では最初、成人儀礼を受けた男だけの空間である精霊

堂に寝泊まりし、もっぱら長老から話を聴きました。しかし家族の暮らしが見えないので、1990 年以降はホストファミリーの家に寄宿し、持ち込んだ食料で自炊しました。60 ㎡くらいの広さの仕切りのない家に十数人が寝起きしていて、蚊帳の中だけがプライベートな空間でした。

「クラインビット村憲法」の提案

　クラインビット村で私は、村人からの頻繁なリクエストに悩まされました。今度来るときには○○を持って来てくれ、という類のおねだりで、所望される品は、腕時計やサッカーボール、最近は携帯電話…といった具合です。それらは現金収入がない村人には手に入らない、しかし町に行けばそうした品物が目に入り欲求を掻き立てられるような商品です。互酬性の世界に生きる人々にとって、持つ者が持たざる者を助けるのは当然ですから、そのようなリクエストを受けることは理解できるのですが、それは「開発」をめぐる村人の外部への過剰な期待と、裏返しの無力感と重なり合うと感じました。

　その応答として、私は「クラインビット村憲法」を作って提示しました[12]。それは、「よい変化、開発というのは、おねだりしたり、待っているだけでは得られない。自分たち自身ができることを始めるしかない。よい変化というのは、子供たちの世代まで持続するものでなければならない…」といった内容です。これは私自身の「開発」観ですが、クラインビットの村人とやり取りしながら、実は彼ら自身が気づいていたことを先取りして示したものでもありました。

グループミーティングの実施

　2006 年には、グループミーティングを持ちました。それまで私はもっぱら長老たちから話を聞き、女性や若者たちの声を聞いてこなかったことに気づいたからです。私は「この村の問題は何か」という問いを投げかけ、村の 5 カ所を回って、少人数で話し合いました。

　その結果、一番多く挙がったのが「学校」という答えでした。当時この村には学校がなく、子どもたちは隣村のカニンガラの小学校に通っていました。隣といっても、手漕ぎのカヌーで 1 時間くらいかかるので、毎日通うのは無理で、隣村に寄宿する形でした。また、別の民族言語集団であるカニンガラとの間に

132

は水域をめぐる争いがしばしば起こり、そのたびに学校に通えなくなってしまうのも悩みで、自分の村に学校が欲しいというのは村人の悲願でした。

　学校と並び、女性や若い男たちから「私たちのハードワーク」が問題という答えが多数返ってきたのには驚きました。女性たちは、長老もいる前で、自分たちは毎日子供の世話をしながら、薪集めや水汲み、サゴヤシや魚取りに行き、食事の支度もして休む間がない…と主張しました。これは長年女性たちが従ってきた伝統的な性別役割分業なのですが、それを批判的に対象化する 30 代くらいの若い女性たちが出現していたのです。女性たちに刺激され、若い男たちも、森に行って木を切り出し運んできて、家を建てたりカヌーを作ったりする力仕事は、全部俺たち若い者の仕事だと語りました。私は、全村集会で結果報告し、自分たちで何ができるか考えてほしいと投げかけて、村を離れました。

小学校の建設

　2008 年に村を再訪したとき、それに応える村人の実践を見ることになりました。村にある 2 つの教会（カトリックと EBC : Evangelical Brotherhood Church）のメンバーが協同して、3 つの初級学年（エレメンタリー、1 年、2 年）の手作りの教室と職員室が完成していたのです。教員は、高校を卒業／中退して村に戻ってきている若者 4 人（男 3 人、女 1 人）がボランティアで務めていました。学校が州政府に公認され予算をもらうためには、正規の教職訓練を受けた教員が必要です。私は、勤務先のお茶の水女子大学の地理学科の卒業生の組織に呼びかけて支援を仰ぎ、その訓練費用の一部を援助しました。

写真 2　村の小学校での講義（クラインビット村、2009 年、野中健一撮影）

　5 年後には無事州政府から小学校が公認され、村出身の校長が自分から望ん
で赴任してくるなど、この学校は順調に発展しています。2009 年には学校の
教室で、私がこれまで行なってきたフィールドワークを、ピジン語で紙芝居風
にまとめ、生徒たちに講義しました（写真 2）。長老から聞き取った村の歴史を、
子どもたちに還したという思いがありました。翌年、その講義の内容を小冊子
にして、村人たちに配りました。

外部者による承認

　この 10 年くらい私が力を入れているのは、クラインビット村に外部者を呼
び込むことです。2011 年 8 月には、立教大学の野中健一氏の科研調査隊を連
れてきました。微量栄養元素と身体がテーマで、現金収入がなく購入食料がほ
とんどないという条件が好都合でした。村人は、この村が選ばれたことを喜び、
調査に積極的に協力してくれました。調査時には、カウンターパートの州政府
の保健局の役人も村まで足を運んでくれました。外部の研究者たちが、伝統的
な食文化に関心を持ってくれたことが、村人を元気にした気がします。

　2017 年には、横浜国立大学の池口明子氏が、自身が担当する放送大学の「現
代人文地理学」の授業のため、撮影チームを連れてきて、サゴヤシ澱粉の採集
や漁労など村の生業を記録していきました [13]。これも、外部者による村の「場
所の知」の承認につながるものでした。

　2018 年には、村人からの呼びかけで、しばらく途絶えていた瘢痕文身（はんこんぶんしん）の成
人儀礼を 10 数年ぶりに実施しました。これは身体に小さな刃物で切り傷を付
けていき、その傷が盛り上がってワニの鱗のようになるという大変苛酷な儀礼
ですが、昔は村人が男になるために不可欠なものでした [14]。今回新たに発見
したのは、この儀礼がけっして男たちだけの閉鎖的なものではないことでした。
女も子供も含め、村中がこの儀礼に盛り上がり、無事終了した後は達成感に浸っ
ていました。村人たちが、自分たちの伝統文化を再興したという自信につながっ
たと思います。

4. フィールドワークと「場所」構築

　調査研究者によるフィールド（調査対象者／社会）への還元とは何でしょう
か。調査研究者が、フィールドに行き調査をしてデータを持ち帰るだけの存在
であるなら、それは知的な収奪につながります。とりわけ「南」世界を対象に
する場合、フィールドワークで得られた「知」は、私たち（「北」世界）の側
に蓄積されるからです。普遍的な学問知・科学知と場所に根ざす民衆知・生活
知の対立の中で、フィールドワーカーが後者を前者に「翻訳」することだけを
仕事にし、それが双方向的な関係性（調査される側および「南」世界からの検
証・批判の働きかけ）を欠いたまま行なわれるとき、その仕事は現状の知の格
差を拡大し、さらなる支配の道具に転化する危険性を孕みます。

　こうした権力性を乗り越える一つの方法が、フィールドワークと「場所」の
関係性を見つめ直し、実践することだと考えます。フィールドワークの中で、
フィールドワーカーとしての私という存在は、もはやフィールドの「外部」で
はなく、次第に生成する場所の一部になっていきます。それはフィールドとい
う場所で相互作用を繰り返す中で、調査研究者が主体で、調査対象者／地が客
体という二分法は、絶対的なものではなく、揺らいでいくからでもあります。

　フィールドワークにとっての場所の重要性は、2つあります。

　第1に、対象への深い共感的な理解が、場所を共有することではじめて可能
となることです。私たちはふだん観念的な枠組みで対象を考えがちです（「女
性」「外国人」「日本人」…等々）。しかし、現実に人を動かしているのは、日
常の場所を作る関係性であり、それはもっと柔軟で流動的・可変的なものです。
フィールドワーカーとしての調査研究者は、日常的な関係性が生まれる場所を
共有し、その相互作用の中に組み込まれることではじめて、対象を観念ではな
く生身の多様な存在として真に理解することができるのです。

　そして第2に、フィールドワーカーがフィールドの人々と協働して「場所」
を構築することが、フィールドに還す／還る実践につながることです。それに
よってはじめて調査研究が一方的に奪い取るだけのものでなくなっていくはず
です。言葉を変えれば、「私（たち）」と「他者」／「北」と「南」／学問世界

と生活世界 / 理論と現実・現場（フィールド）という、2つの異なる世界を積極的につないでいくのが、フィールドワークなのだと思います。

　私の実践は、試行錯誤の繰り返しでした。私が唯一誇れるとすれば、パプアニューギニアの人々を「他者化」せずに、そのエネルギーやダイナミズムに向き合い、付き合い続けてきたことでしょう。「他者化」とは、他者を自らとは異なる、劣位にある存在として固定化することです。そういう意味で、私がフィールドで出会ったパプアニューギニアの人たちは、私に「他者化」させてくれない人たちでした。それは人々が、自らの場所に飛び込んできた私という「他者」を資源として利用し、自らの《開発》を実現しようとしたということかもしれません。フィールドワークにとって重要なのは、結果ではなく、どのようにかかわり続けるかであり、その過程なのだと思います。

☞ **本章の問い**：①私のポートモレスビーのセトルメントでの実践をどう評価しますか？　②私のクラインビット村での実践をどのように評価しますか？

第13章 「風土」から考える

1.「風土」と「環境」

　「風土」とは何でしょう。『広辞苑』（第6版）には「その土地固有の気候・地味など、自然条件。土地柄。特に、住民の気質や文化に影響を及ぼす環境にいう」とあります。はっきりしているのは、「風土」は単なる自然環境ではないということです。私たちは、「月世界の風土」や「深海の風土」とは言いません。つまり、人間とのかかわりがないところには、「風土」は存在しないのです。この意味で、「風土」とは人間と環境との相互作用の歴史的な蓄積の産物であるということができます[1]。

　「環境」（environment）とは、何かを取り巻く状況や条件のことです。また、人間を含む有機体を取り巻き、それに影響を与えるすべてのものを指します[2]。すなわち、環境は人間の外部にあり、それを取り巻くものです。そのことは、人間 vs. 環境という二元論で捉えられやすいということを意味します。人間と環境を二元論的に捉えると、環境決定論のように、環境が一方的に人間・社会を決定するという考え方や、逆に人間が環境を支配するという考え方に陥ることがあります。

　これに対し風土は、人間と環境との関係性（相互作用）を内在する観念であるといえるでしょう。風土は英語には訳しにくいのですが、climate や milieu という言葉が当てられます[3]。

2.　地球環境問題と風土

地球環境問題というまなざし

　西欧先進諸国で環境問題が広く関心を集めるようになるのは、1960年代後

半から70年代のことです。その先駆的な著作が1962年に刊行されたレイチェル・カーソンの『沈黙の春』（Silent Spring）でしょう[(4)]。農薬や化学薬品が生態系に与える危険性を警告した同書が刊行された頃、まだ先進国でも環境問題への関心はほとんど共有されていませんでした。日本で公害が本格的な社会問題となるのも、1960年代後半のことです[(5)]。

　地球規模の環境問題へのまなざしがどのように生まれてきたかを振り返ってみましょう。1972年のローマ・クラブの『成長の限界』で、経済成長が地球環境のキャパシティを上回ることへの懸念が表明されます[(6)]。同じ年に、「かけがえのない地球」（Only One Earth）をキャッチフレーズに、はじめての環境問題に関する国際会議として、国連人間環境会議がストックホルムで開催されます。

　それを受けて設立された国連環境計画（UNEP）が、1982年に「持続可能な開発」（sustainable development）という観念を提示します。これは「将来の世代の欲求を満たしつつ、現在の世代の欲求も満足させるような開発」を意味します。現在のSDG sに至るまで使用される概念ですが、もともと環境問題をめぐる先進国と発展途上国の間の立場と利害の相違――先んじて環境を破壊し経済発展を遂げてきた先進国と、これから経済発展をめざそうとする途上国――を調整するためのいわば妥協策でした。グローバルな環境問題という視点は、その影響の規模が一国内だけでは解決できず、地球全体の未来に関わるという認識によります。地球温暖化以外にも、熱帯林の消失、生物多様性の減少、砂漠化、オゾン層の破壊、酸性雨などが挙げられました。

　1992年のリオデジャネイロ国連環境会議では気候変動枠組条約の調印、1997年の地球温暖化防止京都会議での京都議定書の締結と続きます。2007年には、IPCC（International Panel on Climate Change：気候変動に関する政府間パネル）が元アメリカ副大統領のアール・ゴアとともにノーベル平和賞を受賞するなど、温室効果ガス削減と地球温暖化の防止が、地球環境問題の最大の焦点となっていきます。

　地球規模の環境問題の重要性は強調しすぎることはないでしょう。ただ気になるのは、その語られ方です。つまり、地球環境問題という「真理」が西欧先進国の科学者によって独占され、数理的なモデルに基づくシミュレーションが

普遍的な論理として受け入れられる一方で、南の国々のローカルな場所や主体
の現実については、目が向けられないことです。

森林を守るのは誰か

　例を挙げてみましょう。熱帯林の破壊と森林保全の必要が説かれる中で、し
ばしばイメージされるのは、途上国の貧しい人々が、貧困ゆえに目先の利害を
求め（将来を顧みる余裕がなく）木を伐採してしまうという構図です。しかし
これは必ずしも現実に適合しません。

　たとえば、北タイでは、もともと森林資源に依存して暮らしてきた少数民族
の人々が、国家による森林保全の大義の下で、共有林の利用から排除され、貧
しくなってしまうという問題が生じています[7]。

　またギニアのキシンドウガウ県では、人口の増加が木の伐採につながり、森
林がサバンナに変わってきたという定説が信じられてきました。しかし実際に
村人から聞き取り、空中写真で調べてみると、逆に人間が森を創り、育ててき
たことがわかりました。なぜ外部者にそれが分からなかったというと、グロー
バルで西洋中心的な学問知と、ローカルで土着の生活知と間にギャップがある
中で、前者が「真理」として優位に置かれてきたからでした[8]。

　途上国の住民には環境を守る力がないというのは偏見です。ローカルな自然
環境に共有資源（コモンズ）として強く依拠するのは、私有資源に乏しい「貧
しい」人々だからです。

「地球温暖化で沈む国」ツバルの真実

　太平洋島嶼国の一つ、ツバル（Tuvalu）は、面積26㎢、人口1万1千人で、
世界で3番目に人口の少ない国です。首都はフナフティで、1978年に独立し
ました。国土は、南北560kmに点在する9つの環礁から成っています。経済は、
出稼ぎ者（3千人がニュージーランドに移住）の海外送金と、入漁料、海外援助、
ドメイン名（TV）などによって支えられています。

　ツバルは1990年代から、国際社会に、海面上昇による水没危機を訴えてき
ました。ツバルは、地球温暖化によって沈む国として取り上げられます。しか
しツバルの水没の原因は、実は地球温暖化だけではありません。

　フナフティをはじめツバルの島々はもともと海抜の低い珊瑚島で、典型的な「低い島」です。第二次世界大戦中、フナフティの中央部の湿地帯を無理に埋め立てて米軍が滑走路を建設しました。その後、その周辺に人家が増加します。現在浸水が起こっているのはその周辺です。また環境汚染によるサンゴ礁の破壊も、海岸浸食を進める要因となっています[9]。

　グローバルな視点だけでローカルな環境とその変化を推し量ることは、しばしば歴史と風土を軽視し、真の問題を見誤ることにつながります。地球環境問題の適切な理解のためにも、ローカルな人間・社会と環境の相互作用の歴史的蓄積の産物としての「風土」への着目が必要とされるのです[10]。

3．和辻哲郎の風土論

　日本で「風土」の議論を広めたのが、哲学者・倫理学者の和辻哲郎（1889-1960）です。和辻は、京都帝大助教授時代の 1927 ～ 28 年に、ドイツに留学します。このドイツへの旅の経験をふまえて、東京帝大の倫理学講座に赴任した 1935 年に『風土』を著します[11]。

和辻の「風土」

　和辻は『風土』の冒頭で、本書の目的は「人間存在の構造契機としての風土性を明らかにすること」とします[12]。「風土」とは、「ある土地の気候、気象、地質、地味、地形、景観などの総称」ですが、単なる「自然」ではありません[13]。風土は、人間の自己客体化・自己発見の契機でもあります。われわれが寒さを感じるのは、志向的体験です。物理的な寒気が肉体に刺激を与えて寒さを感じるのではなく、われわれ自身がすでに外気の寒冷のもとに宿っていて、寒さ自身のうちに自己を見出します。同じ寒さを共同に感じることは、「間柄としての我々」という共同性を見出すことにつながります[14]。

　風土は、祖先以来の長い間の了解の堆積であり、風土性は、社会的存在の構造、歴史性と不可分です。時間と空間が分かちがたいことは、歴史と風土が分かちがたいことを意味します。「歴史性と風土性の合一においていわば歴史は肉体を獲得する」のです。人間は特殊な「風土的過去」を背負うのであり、「風

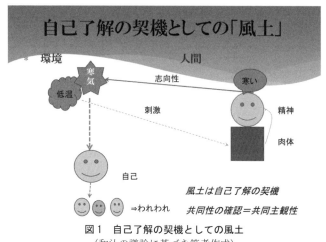

図1　自己了解の契機としての風土
（和辻の議論に基づき筆者作成）

土の型が人間の自己了解の型」となります。しかし、風土の側からの考察、歴史からの考察に比べ閑却されてきた、と和辻は言います⁽¹⁵⁾。

「モンスーン」の風土

　和辻は3つの風土類型（①モンスーン、②沙漠、③牧場）を提示します。

　モンスーンの風土の典型として想定されているのは、南アジアです。モンスーンの自然は、湿潤に象徴されます。それは、暑さより湿気の方が耐え難いからです⁽¹⁶⁾。モンスーンの湿潤は、人間世界に、自然の恵みと、自然の脅威、の双方をもたらし、人間に「自然への対抗」を呼び起さないと和辻は言います。それによってもたらされるのは、「受容的・忍従的な人間類型」です。それは、歴史感覚の欠如、感情の横溢を特徴とします⁽¹⁷⁾。そこから生まれるのが、多神教（ヒンドゥー）的宗教観です。

　「インドの人間の感情の横溢は、その受容的な態度から出ている。受容的な態度は同時に忍従的な態度である。生を恵む自然が、同時に、人間の対抗を圧倒しつくす巨大な威力を持って迫ってくる。持続的な暑熱そのものがすでに人間の対抗力を極限にまで必要とするのであるが、その暑熱が湿潤と結びついたとき、人はもはや忍従するほかはない。モンスーンは人間に対抗を断念させる。かくて自然は人間の能動的な気力を、意志の緊張を、委縮し弛緩させるのであ

る。インドの人間の感情の横溢は意志の統括力を伴わない」[18]。

「沙漠」の風土

　沙漠の風土の典型は、アラビアと（北）アフリカです。沙漠的な風土の特質は、乾燥にあります。モンスーンが生の恵みをもたらすのに対し、沙漠の自然がもたらすのは「死」です。それに対して、人間は生きるために草地や水を求めて争います。自然との闘いのための団結の必要が、対抗的・戦闘的な人間類型をもたらします。自然と人間との対立は、自然と対抗する人間の全体性をもたらし、唯一神の形成を促して、一神教的宗教観が作られることになります[19]。

　「乾燥の生活は『渇き』である。すなわち水を求むる生活である。外なる自然は死の脅威をもって人に迫るのみであり、ただ待つものに水の恵みを与えるということはない。人は自然の脅威と戦いつつ、沙漠の宝玉なる草地や泉を求めて歩かねばならぬ。そこで草地や泉は人間の団体の間の争いの種となる。すなわち人は生くるためには他の人間の脅威とも戦わねばならぬ。ここにおいて沙漠的人間は沙漠的なる特殊の構造を持つことになる。人と世界との統一的なるかかわりがここではあくまで対抗的・戦闘的関係として存する。人が自然において見るところのおのれは死である。死を見ることによって人は生を自覚する」[20]。

「牧場」の風土

　3番目の風土として和辻が提示するのは「牧場」です。牧場の風土の本質は、湿潤と乾燥の総合です。具体的にはヨーロッパが念頭に置かれています。その特徴は、「ヨーロッパには雑草がない」という言葉に象徴されるように、自然の従順さです。自然は、人間に忍従も対抗も要求しないので、人間は自然の拘束から解放され、逆に人間による自然への支配を可能にさせます。そこから生まれるのは、理性と合理的精神の発展です[21]。

　「このことは風土が生活必需品の生産を牧場的に規定しているということを意味する。そこでは自然の恵みが豊かでないがゆえに、従って自然に忍従して恵みを待つを要しない。とともに自然に対抗して不断に戦闘的な態度を取らなくてはならないほど、自然が人を脅やかしもしない。自然は一度人力の下にも

142

たらされさえすれば、適度の看護によって、いつまでも従順に人間に服従している。この自然の従順がまず生産を牧場的たらしめるのである」(22)。

　和辻は、モンスーンと沙漠に比べ、牧場に最も多くの紙数を費やしているのですが、議論は必ずしも説得的ではありません。和辻自身が書いているように、たとえばギリシア的（古典古代の）風土とローマの風土、西（中央）ヨーロッパの風土は、歴史の変遷にも伴って一様ではありません。その不整合は、牧場という一つの風土にまとめられない、ヨーロッパの持つ多様性を、和辻自身が、よく承知しているからでしょう。言い換えれば、モンスーンや沙漠が、和辻にとっての「他者／他所」であり、それゆえに断定できるのに対し、ヨーロッパは「自己」に近いから、一般化できないのです。

日本の風土

　和辻は、モンスーン的風土の特殊形態として、中国と日本を描いています(23)。和辻によれば、日本は、熱帯（大雨）と寒帯（大雪）の二重性格を持つ、モンスーン域の中で最も特殊な風土です。その国民的性格は、しめやかな激情と、戦闘的な恬淡 —— 猛烈な反抗や戦闘の後、きれいにあきらめ、淡泊に忘れること —— です(24)。

　和辻は、日本の特質として、「家」の全体性を挙げます。日本人はあらゆる時代を通じて、家族的な間柄のなかで利己心を犠牲にすることに価値を置いてきました。「家」は、「外」と区別され、内部において「距てなき結合」（その中では個人が消滅する）を表現します。和辻はこの「家」を、明治以降の国家、すなわち「皇室を宗家とする一大家族」に拡大して論じます。和辻は、忠と孝は同一視できないこと、江戸時代の「忠」は封建領主との個人的関係であり、尊皇に表される「国家」への忠とは同一視できないことを的確に指摘しながらも、最終的には、①国民の全体性（宗教的信念）への帰依があらゆる価値の根源にあり尊皇心につながる、②人間の距てなき結合の尊重、③戦闘的恬淡に根ざす「貴さ」の尊重が古代から連続する徳であり続けている、ことを強調することで、天皇崇拝の心情を日本人の本質として肯定しています(25)。

　和辻の日本論は、モンスーンや沙漠の外在的な理解とは対照的な、内在的理解です。しかしその特殊性・固有性が強調され、自民族中心主義的な見解に陥っ

ている印象は否めません。

和辻の風土論とその評価

　和辻の風土論を現代の眼から見ると、多くの問題点があります。第 1 に、モンスーンの湿度が忍従・受容を呼び起こし、季節の変化が大きい日本では鋭敏な感受性が養われるというような、全体を貫く環境決定論的図式の濃厚さです。第 2 に、環境が人間類型に与える影響の評価が異なり、ヨーロッパでは肯定的（理性の卓越）なのに対し、アジア（東南アジア、インド、中国）では否定的です。第 3 に、旅行者の視線が支配的なことです。すなわち論理的・実証的ではなく、直感的・印象的に論が進められます。第 4 に、人間の経済的側面（生産様式）が無視あるいは軽視されていることです。そして第 5 に、上述したような、天皇制の護持につながるイデオロギー性です。

　多くの難点にもかかわらず、『風土』という書が、現在も読まれ続け、魅力を失わないのはなぜでしょう。それはおそらく、和辻の詩人的直観の鋭さに加え、世界の同等な（共時的）比較という図式の新鮮さ、そして自然環境と人間社会の歴史的相互作用を考察する、風土論自体の持つ魅力によるものでしょう。

4．オギュスタン・ベルクの風土論

　オギュスタン・ベルク（Berque, Augstin）は、フランス人の文化地理学者であり、日本学研究者です。彼は、和辻哲郎の『風土』に惹かれ、日本の風土性を考察するに至りました。

ベルクの「風土」

　ベルクの本は多数翻訳されています。最初の作品である『空間の日本文化』（1985 年）では、彼は日本の空間性を考察し、灌漑稲作農耕（水田）が卓越し、郷土執着性が強い一方で、山は「聖」（野生）の空間として未開発のまま残されていることを指摘し、日本では集約が拡大を凌駕していると論じました[(26)]。

　『日本の風景・西欧の景観』（1990 年）では、西欧固有の文化現象である近代性（空間性を内包）の危機を指摘し、西欧・近代のパラダイム（二元論）を

144

乗り越える必要を説きます (27)。二元論とは、自然（野生）と文化（人間）、個人と集団、主体と客体、主観と客観などであり、その克服のために必要なのが「風土の学」としての地理学の再構築である、というのがベルクの主張です。

日本の気象と風土性

　ベルクの代表作といえるのが、『風土の日本』（1988 年）です。ベルクは、本書の中で、日本の風土性を詳細に論じています (28)。

　まずベルクは日本の気象の多様性と不安定性（冬の気象の地域差・台風・雨…）を描写し、それらを生の材料として、日本人の季節感が育まれてきたとします (29)。たとえば、日本には「雨」の語がたくさんあります（梅雨、五月雨、時雨、夕立…）。これは、日本人の雨に対する鋭敏な感受性を示すものといえます。ベルクは、俳句の季語に見られるように、日本の文化が自然との関係をコード化し、それを通じ独自の「自然」を作り上げていること、またそのような母型が、あらゆる日本人に備わっていること —— たとえば「夕立」という言葉から、それをめぐる自らの経験と記憶が風景とともに蘇る —— を指摘します。すなわち「自然と社会との関係において記号学的装置が存在し、これが個々人の本性＝自然を呼び覚まし、現実化する。そしてこれと不可分に、個人は逆にこの装置を自身の生によって活性化し、自身の肉体をそこに具象化させる」のです (30)。言い換えれば、「日本の文化は日本人に季節の影響を受けやすくさせている」 (31) ということです。気象の変化の激しさが直接日本人の気質に影響するという和辻の環境決定論に比べ、文化を介在させることで、ベルクの議論はより精緻なものになっていることがわかります。

　自然（野生）と文化（人間）、個人と集団のつながりと相互浸透を示す例として、花見の話がわかりやすいと思います（図2）。「花見」は、日本人にとって、自然の美を味わい、自然の中に生まれ変わる機会です。桜の花がいつ咲くか（桜前線）は、毎年天気予報の中でも詳しく知られる国民的関心事です。日本において「花」とは、奈良時代は中国からもたらされた梅でしたが、平安時代以降「桜」に代わり、もともと山に生育していた桜の木が、里に移され、鑑賞されるようになります。重要なのは「花見」とは、ただ（桜の）「花」を「見る」だけの行為ではないということです。花見は、個人よりも共同で、飲食を伴い

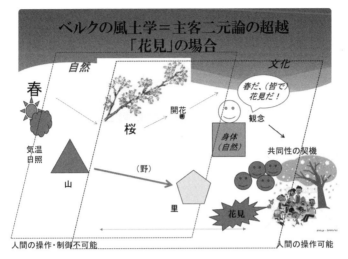

図2　花見：自然と文化の相互浸透の構図
（ベルクの議論に基づき筆者作成）

ながら（「花見酒」！）楽しまれます。花という自然（いつ咲くかわからない野生）
が、「花見」という文化を介して、共同性をもたらす。すなわち花見という儀
式が、日本の風土の諸要素（自然と歴史、社会的要素と個人的要素）をあらた
めて調和させ、日本人性の確認につながるのです[32]。

空間の二元論と都市の自然

　すでに述べたように、ベルクは、内部に向かう力が日本の空間性に刻印され
ているとします。非居住域として山、野、森、があり、それらは「聖」の領域
です。これに対し、居住域として里、田、都（町）があり、それらは「俗」の
領域です。日本では聖なるものや祝祭は自然と非居住域を指向する、とベルク
は指摘します[33]。「聖性は源泉からの距離に応じて、すなわち野生の空間の『奥』
へと入り込む度合に比例して高まっていく」、「『奥』という観念は、聖なるも
のを自然へと指向させる一種の分極化作用を表わしている。神々は野生の空間
のもっとも奥まった安らぎの場に、文化の果てるところに宿り給うのだ。」[34]
　日本の文化は、人間の領域を自然の領域と対立させないことが特徴と言われ
ます。「奥」の概念は、鎮守の森（日本の森の原型としての照葉樹林）に囲ま

れた神社のように、聖なるものを自然へと指向させることにつながります。庭園であれ、都市であれ、人工的に作られたものの中に自然を呼び起こすのが、日本の空間づくりの特徴です。世界最大の人口を持っていたとされる江戸は、複雑な地形を生かした街づくりや、富士山をランドマークにした道の配置など（富士見坂という地名がたくさんあるように）、様々な意味で「自然な」町でした。西欧では人名が多い都市地名に、日本では「自然」に由来するものが（たとえば狸穴や溜池のように）多いことも特徴です。それらは、ベルクの言葉によれば、都市に「自然の現われ出る裂け目」を作る仕掛けでもありました(35)。

関係性としての「風土」

　ベルクによれば、「風土」とは、「ある社会の、空間と自然に対する関係」です。社会と環境との関係は、次の5つに分類されます。①生態学的関係（呼吸する空気など）、②技術的関係（農業による居住域の整備など）、③感覚的関係（環境の認知と表象）、④価値論的・認識論的関係（環境に関連する諸価値・諸概念）、⑤政治的関係（整備・開発における社会の選択を決する権力の働きなど）です。ベルクは、これらの関係がばらばらのものではなく、全体が単一的であること、そして社会を見る視線を単一的にしている（統一性を与え、方向付けを行なう）ものが「文化」であるとします(36)。

　風土は、自然的であると同時に文化的でもあります。社会は、その環境に対して行なう表象に基づいて、環境を整備し、また逆に社会は、環境に対して行なう整備開発に応じて、環境を知覚し、表象するからです。風土は、主観的であると同時に客観的です。それは、人間が自己の風土をもとにして行なう表象は決して純粋な客観性には到達しないからです。そして風土は、集団的であると同時に個人的でもあります。表象は集団によって伝達されますが、それを受け止めるのは個人だからです。この二元論を越えた関係性・交差性が「風土」を生み出すのであり、ベルクはそれを「通態的」（trajective）と表現します(37)。

日本の環境危機はなぜ生じたか

　『風土の日本』の中でベルクは、一つのパラドクスを提示しています。自然の美を謳い、自然環境に鋭敏なはずの日本が、なぜ高度経済成長期の1960年

代に、公害問題が頻発し、地球上でもっとも汚染された国になってしまったのか。それは、日本固有の文化が選択したものを、否定することにほかなりません。この矛盾に対し、ベルクは、その原因が、実は日本の自然性の論理、すなわち社会の自然に対する関係の中にあるのではないかという仮説を提示します。

　それは、日本人論の中で頻出する「調和」というテーマです。これは日本文化が自然との関係において目指してきたものである、とベルクは言います。ここで問題となる「自然」は、人間を取り巻く「自然」と、人間の内部で働く「自然」（欲動）の双方を含みます。「自然」とは、存在・事物を問わず、「おのずからしかり」という性格のものであり、人間にはそれを斥ける資格はありません。高度経済成長が、そのような自ずと進行していくものとしてみなされたため、それを押し止めることは「自然」ではない（「調和」を乱すもの）とされた、というのがベルクの説です。「この種の姿勢 —— 進んで行く力は、進んで行くのだから認めてしまおうとする姿勢 —— は、自然と自然的なるものについての日本独特の伝統的な概念から直接出て来るものである。事物は『みずから』進行するからこそ、かくのごとく進むべく根拠づけられる、というわけだ」。「この問題においては、自然性と『成り』（生成）を尊重すること自体が、自然と『在り』（存在）の破壊を惹き起こした」のです(38)。

主体と風土性の間で

　こうした考察を経て、最後にベルクが到達するのは、西欧との対比において主張される、伝統的な日本文化や風土の固有性という議論が孕む危険性です。

　日本語は、主語より述語を中心とする論理を持っています。また日本の文化は、西欧の文化よりも、言葉によらないコミュニケーションを重視します。それは主体よりも「場所」あるいは「風土」を優越させる論理でもあります。個人的な意識を犠牲にして、風土の構成する母型の場に価値を付与する、言い換えれば個別の主体を犠牲にして、集団的な主体に高い価値を見出すのが特徴です。それにより生まれるプラスの結果は、主体が主体を取り巻く自然的・社会的なものと伝達し合っていることにより、自らの居住域の中では各人の精神的な安定が得られることです。逆にマイナスの結果としては、日本の文化が場所を越えて表現されることが困難になり、普遍に行き着くのが難しくなってしま

148

うことです。

「母型的な場に価値を与えるということは、主体の反省的意識の価値を貶めることであり、したがって主体による世界の統合にブレーキをかけることになる。そして風土への順応をよしとし、風土の外にあるものを差別することに通じる。なぜなら風土とはもともと伝達できるものではないからであり、そのなかにいるか、いないかのどちらかしかありえないからである」[39]。

「他のあらゆる社会と同様に、日本の社会も何かを考え、行なうために「理」を必要とするし、何かを感じ、存在するためには『場』を必要とする」、「個の人格ではなく風土だけに固執することは、西欧のパラダイムの不毛な逆転であり、日本の風土性の危険な戯画にほかならない」、「主体が人間からそれを取り巻くものへと、文化から自然へとさまよってもいい。（中略）けれどもだからといって、個人の意識がその反省的意識を譲り渡してはならない。それは理性と自由の最終的な裏付けなのである」[40]とベルクは結びます。

ベルクが、和辻の「風土」論に触発されながら、それを越えた精緻な枠組みを提供している点、そして日本の風土に内在的な理解と共感を示しながらも、一方的な礼賛に終わらず、その限界や問題性を指摘している点は高く評価できます。ただ、和辻の風土論もベルクの風土論も、スケールとしてはナショナルなレベルに留まっています。風土をより現実的なものとして分析し、理解していく上では、もっとローカルなレベルの風土を論じなければならないと私は考えます。これについては、続く章で考察したいと思います。

☞ **本章の問い**：①和辻の風土論とベルクの風土論を比較して、どのような点に気づきましたか？　②自然とつながりの深い日本の風土で環境問題が深刻化したのはなぜでしょう？　ベルクの見解を参考に、あなたの意見を述べてください。

第14章　水俣病と風土 －分断から再生へ－

1．水俣病の歴史

水俣病とは何か

　皆さんは水俣病（みなまたびょう）について、過去の公害問題の一つとして、教科書で学んだことでしょう。しかし、水俣病をめぐる裁判も水俣病患者の苦しみも、今も続いています。水俣病は、実は今も終わっていないのです[1]。この章では、水俣病がなぜ今に至るまで解決されない問題になってしまったのか、またそれが水俣という風土とどのような関わりを持っているのか、考えてみたいと思います。

　水俣病については、ぜひ土本典昭（つちもと）監督の『水俣病－その20年－』（1975年製作：シグロ）を視聴してみてください。水俣病がどれほど残酷な病気であるか、またそれが当時の社会にいかに衝撃を与えたかを知ることができます。

　水俣病は、有機（メチル）水銀を含む工場排水が海を汚染し、魚介類に生体濃縮されて、それを食べた人間が有機水銀中毒を発症した病気です[2]。それを引き起こしたのは、チッソという企業です。塩化ビニール生産の可塑剤となるオクタノールの原料となるアセトアルデヒドの生産工程でメチル水銀が使われ、その排水がそのまま海に流されることによって生じました。

　どれだけの人が水俣病になったのかは、実はわかっていません。それは、水俣病として公式認定された人以外にも、潜在的な水俣病患者が多数存在するからです。水俣病認定患者数は、熊本県1,790名、鹿児島県493名の計2,283名（2020年5月31日現在）です。認定されると、補償金の支払いと、医療手帳が交付されます。その他にも、認定患者ではないが、何らかのメチル水銀被害を受け、救済対象者として認められた被害者が67,545名存在します[3]。

水俣病の歴史

　水俣病を引き起こしたチッソ株式会社（創業当時は株式会社日本窒素肥料、以下「チッソ」で統一）は、1908年に水俣に工場を建設します。当時の水俣は寒村で、チッソの存在は「近代化」の象徴でした。1932年、チッソはアセトアルデヒドの製造を始め、その工場排水を水俣湾に放出しはじめます。

　1950年代の初めから、水俣湾で魚が浮上したり、猫やカラスなどが狂い死ぬという出来事が続きます（水俣市周辺では、1940年代にすでに水俣病と思しき患者が発生しています）[4]。チッソ附属病院の細川医師によって水俣病が公式に確認されるのは、1956年5月1日のことです。1958年にチッソ水俣工場は、排水を流す場所を百間港から水俣川河口に変更します。その結果、水俣病の被害は、さらに八代海（不知火海）全域に拡大していくことになります。

　チッソの排水が水俣病の原因であることを疑った細川医師は、1959年10月、ネコに工場排水を与え、水俣病を発症することを確認します（「ネコ400号実験」）。その結果はチッソの上層部に報告されますが、実験は中止させられ、結果は公表されることなく、1968年まで隠されてしまいます。

　魚が売れなくなった水俣湾の漁民たちは、1959年11月、工場排水の停止を求めてチッソ工場に押し掛けます（「漁民暴動」[5]）。その結果、一律30万円の見舞金契約が結ばれますが、その金額の低さだけでなく、後にチッソの排水が原因と分かった時にも追加の補償は行なわないという非人道的なものでした。1961年には、チッソの技術者によって、アセトアルデヒド工程より有機水銀が抽出されます。しかしその直後に、チッソの労働組合による「安賃闘争」[6]が生じたこともあり、その結果も公表されませんでした。

　1963年に、熊本大学の研究班は、メチル水銀化合物が水俣病の原因と正式発表します。その2年後には、「新潟水俣病」が発見されます。1968年の5月には、化学工業の原料が石油化されることにより、アセトアルデヒド工程が停止されます。それを待っていたかのように、同年9月に政府は、チッソの排水に含まれるメチル水銀化合物が、魚介類に生体濃縮され、それを多食した地域住民が水俣病を発症したという公式見解を発表します。そして水俣病が公害病として認定されます。水俣病の公式確認から12年後のことでした。

水俣病裁判

　1969 年、水俣病患者たちが、チッソを裁判で提訴します。1970 年には、チッソ株主総会に水俣病患者・支援者たちが一株株主として参加し、交渉します。1973 年には、水俣病裁判 (チッソの責任をめぐる第一次訴訟) 判決が勝訴します。その後、補償協定が締結されます (死亡者に 1,800 万円。認定者に 1,600 〜 1,800 万円の一時金、医療費全額支給など)。

　しかし 1978 年、環境庁は新次官通達を出し、水俣病患者の認定には、感覚障害だけでなく 2 つ以上の症状が必要という、認定基準の厳格化を図ります。これは、認定患者数が増加して、チッソが補償金を支払えなくなることへの懸念からでした。その結果、申請しても認定棄却される人が急増することになります。

　1995 年には、政府（当時の村山内閣）が、未認定患者への最終解決策（一時金一律 260 万円）を提示し、大部分の原告と未認定患者はこれを受諾します。2010 年には、水俣病被害者救済特別措置法（特措法）が制定され、未認定の被害者の救済（一時金 210 万円支給、療養手当）が図られます。一方、チッソは分社化し、補償会社（親会社）と事業会社（子会社）に分離します。後者の株売却利益が補償に充当されます。チッソは、現在も液晶生産の世界的企業です。

2．水俣病と「風土」

　水俣病の発生と拡大は、3 重のスケールで「風土」と結びついています。第 1 に、水俣湾と不知火海という「風土」です。第 2 に、企業城下町の水俣という「風土」です。そして第 3 に、高度経済成長期の日本の「風土」です。

不知火海と漁民の「風土」

　不知火海は、浅い、静かな海（中央部深度 15m）です。図 1 を見ると、不知火海は、天草諸島（あまくさ）に囲まれた「内海」のような作りになっていることがわかります。この海は、漁民たちにとって「魚湧く海（いお）」であり、豊かな漁場で、漁民は自らの生業と海に自足と誇りを持っていました。

　水俣病患者の生活世界を描いた石牟礼道子（いしむれみちこ）『苦海浄土』の中に、胎児性水俣

152

図1 水俣市と不知火海（八代海）

Kumagai, Keichi（2016）Place, body and nature: Rethinking Japanese *fudo* and Minamata disease. *Geographical Review of Japan, series B*, 89(1) , figure 1.（中臺由佳里作図）に、日本語表記を追加。

病患者の孫を持った漁民（爺さま）のこんな語りが出てきます[7]。

　「漁師ちゅうもんはこの上なか仕事でござすばい。わしどんがように目の見えん、つまり一字の字も読めん目を持っとるものには、世の中でこげんよか仕事はなかち思うとる。わしどもは荒か海に出る気はなかとでござす。わが家についとる畠か庭のごたる海のそこにあって、魚どもがいつ行たても、そこにおっとござすけん」[8]。爺さまは、新鮮な魚を食べられない東京の人間はかわいそうな暮らしをしていると言います。爺さまにとって「海の上におればわが一人の天下」「魚釣っとるときゃ自分が殿さん」で「魚は天のくれらすもん」なのです[9]。

　不知火海の漁民たちは、こうした豊かな漁場で、おかずというより主食のように、魚を「一升も二升もナメる」暮らしをしていました。水俣病に侵されたのは、こうした風土に生きる漁民だったのです。

図2　水俣市の領域

Kumagai, Keichi（2016）Place, body and nature: Rethinking Japanese *fudo* and Minamata disease. *Geographical Review of Japan, series B*, 89(1), figure 2.（中臺由佳里作図）に、日本語表記を追加。

「企業城下町」水俣市の「風土」

　水俣病がもっぱら海岸部で多発したことから、水俣には海のイメージが強いかもしれません。しかし図2を見ればわかるように、水俣の市域は、水俣川の流域全体に重なっていて、農村部も広く、山も深いのです。

　市街の中心にチッソ水俣工場が位置します。水俣は、日本最大級の企業城下町です。チッソは、第二次世界大戦前、日本統治下の朝鮮半島に進出し、化学肥料を生産し利益を挙げました。いわば日本の国策とともに成長した企業です。工場長はいわば「城主」で、社員は外部からのエリートでした。工員として就職した地元の人は、「会社ゆきさん」と呼ばれて一目置かれ、市民は皆「おらが会社」という意識を強く持っていました。チッソは、市税収の50％近く（1960〜70年）を占め、下請・孫請けの工場の従業員や、商店街の顧客としても、チッソは水俣市の経済を支えてきたのです。水光社というチッソの購買部がデパート、チッソ附属病院が地域最大の病院というように、市民生活もいわばチッソが丸抱えしていました。

そこに発生したのが水俣病でした。水俣市民にとって漁民は周縁的存在で、「天草からの流れ者」などと認識されていました。水俣市という地域の風土は、工場がある街場の陣内を筆頭にした階層構造で成り立っていました。「水俣病はびんぼ漁師がなる」という言葉は、それを表しています。水俣市民にとって、周縁の漁民たちが「水俣病」の被害者として騒動を起こし、会社を潰そうとしているという懸念が、患者への差別を増幅することになります[10]。一方「開発」へのまなざしは、漁民にまでも共有されていました[11]。

高度経済成長期の日本の「風土」

もう一つの「風土」は、日本というナショナルな風土です。第二次世界大戦後の日本では、天然資源に乏しい国が、製造業を基盤とした経済の発展によって、豊かさを生む（「工業立国」）という信念が強く存在しました。高度経済成長期には、国家（政府・官僚）主導型の産業政策が、企業の成長を牽引しました。空気や水といった自然は、「公共財」として市場の外部にあり、企業にとって無料で利用可能なものと見なされます。企業活動による自然環境の破壊が住民の健康被害をもたらすことを「公害」と認識し、それを規制しようとする動きは、公害反対の住民運動が活発化する 1960 年代末まで欠如していました。

先に見たように、アセトアルデヒド工程が停止されたのは、水俣病の公式確認から 12 年後のことでした。なぜもっと早く止められなかったのでしょうか。そこには、前章でベルクが述べているように、高度経済成長は、当時の日本の社会にとって「自ずから然り」という意味での「自然」であり、進んでいくものは認めてしまい、それに盾つくことはできないという空気があったこと。言い換えれば「調和」を重んじて、異議申し立てを避ける日本の「風土」が大きくかかわっていたといえます。

水俣の風土の構造と外部

水俣という「地域」には、多様な風土とその間の序列が存在していました。すなわち、①漁民の風土（不知火海沿岸：茂堂・湯堂）、②農村（薄原など）や山村（久木野など）の風土、③チッソという企業に支えられた街場の風土（陣内）です。①と②は相互に遠い存在で、③の街場の風土が、水俣という

地域全体を支配していました。そして③は東京という首都、日本という国家につながっています。日本という国家の政治経済システムに支えられた③の風土の企業活動の結果、①の風土が破壊されて生じたのが、水俣病なのです。

この構図を、先述の石牟礼道子は、次のように表現しています。

「この事態が東京湾で起きたら、こうはならなかったろう。幾度もそう考えた。受難者たちが都市市民であったら、どういう心の姿になっていただろうか。考えている間に、近代にはいる前の日本という風土が見えてきた。風土によって育てられていた民族。牧歌的で情趣に富み、まだ編纂されぬ神話の中にいるような人々がそこにいた。学校教育というシステムの中に組み込まれることのない人間という風土。山野の精霊たちのような、存在の原初としかいいようのない資質の人々が、数限りなくそこにいる。愚者のふりをして。」(12)

『神々の村』には、こんな印象的な記述もあります。

「白く汚れた水鳥が、なぜ動かないのだろうか、もしやまた、死んだ鳥ではあるまいか、とさっきからわたしは想っていた。ひとみをそばめてみると、それは水鳥ではなく、あの、塩化ビニールの袋の残片が、渚にうち寄せた木ぎれや、藁のくずのあいだに乾いていた。（中略）いいようのない倦怠感が渚の葦を通じて伝わってくる。それは海が伝えてくる汚感だった。（中略）それは、チッソ水俣工場が、この国ではじめて工業化した製品のひとつであった。」

「〈椿の海〉とわたしは自分の海をよんでいる。じっさい、鹿児島、熊本、福岡、佐賀、長崎にかこまれ、天草の島々を抱いたこの海は、冬と春と夏のはじめにかけて、椿の古樹に縁どられていることで、神秘すぎる〈不知火〉の別名に生命感をそえていた。（中略）村の共同井戸は、かならずといってよいほど、椿や、それに近い常緑樹の繁るところに掘られていた。（中略）井戸には井戸の神さま、山には山の神さま、舟には舟神さま、岩には岩の神さま、田んぼには田の神さまが、海には海の金比羅さまが、川には川の神さまが、それぞれユニークで愛らしい性格を付与されて宿っていた。」「もっとも原始的で無欲で、大らかな牧歌の神々は死に絶えつつあった。一度も名のり出たことのない無冠の魂であったゆえに、おそらくこの世に下された存在の垂鉛とでもいうべき人びとが、〈椿の海〉から生まれ出ていて、ほろびつつあった。そこから出郷したものたちも、土地や海の魂をひきついで残ったものたちも。」(13)

3．水俣の風土の再構築とその主体

　水俣病をめぐる苦難を乗り越え、分断され荒廃した水俣の風土を再構築するために尽力したのは、地元の人たちでした。

石牟礼道子（1927 ～ 2018）

　すでに何度か著作を引用している石牟礼道子さんは、熊本県、天草生まれの作家です。『苦海浄土』の 3 部作（第 1 部『苦海浄土』1969；第 2 部『神々の村』2006；第 3 部『天の魚』1974）が代表作です。

　『苦海浄土』の第 1 部は、水俣から遠く離れた都市の人々に、水俣病の悲惨さとともに、水俣の漁民たちが生きる世界（風土）を伝えました。『苦海浄土』には、病院での水俣病患者の苦悶や、チッソとの交渉での激しい言葉のやり取りなども登場しますが、直接的な叫びだけではなく、風景や風土の淡々とした描写の中に、哀しみが伝わってきます[14]。

　石牟礼さんの書に触発され、水俣を訪れ、漁民たちの風土を心に刻んだ人は数知れません。石牟礼さんの著作は、水俣の漁民の風土と、都会の全く異なる風土を結び付け、後者に大きな影響と内省を与える力を持ったといえます[15]。

杉本栄子（1938 ～ 2008）

　杉本栄子さんは、水俣市茂堂に生まれ、網元の娘として育ちました。水俣病に苦しみながら、夫・家族と共に漁業を続け、水俣病の語り部としても尽力しました。

　栄子さんは、小学校 4 年生から網元の跡取りとして父に厳しく育てられ、漁を取り仕切る役目を果たします。しかし 1959 年に母が発病します。当時奇病とか「マンガン病」と言われた病気の、茂堂で最初の患者であったため、近隣住民から苛酷な差別を受けます。同じ頃、栄子さん自身も発病します。幼馴染みの杉本雄さんと結婚しますが、病状が悪化し、3 度の流産の後、1961 年に長男・肇を出産します。夫の協力を得て 5 人の男子を育てました[16]。

　杉本さんは 1968 年、裁判でチッソを訴える患者互助会に加わりますが、水

俣の地域社会からの猛烈なバッシングを受けることになります。「チッソを相手に裁判なんて、水俣ん者のすっことじゃなか」「水俣病患者は金の亡者」「患者はチッソを潰して金を持っていく」という非難が浴びせられます。

　近隣から差別を受けた時、父は、やり返したいという娘をなだめ、こう言います。「人様は変えならんとやって（変えられないから）、自分が変わっていけばよかがね」「水俣病ものさりじゃねって、思おい」。「のさり」とは、良いことも悪いこともありますが、人間の意図や力を越えた出来事（大漁・災害…など）のことです(17)。

　杉本さんはこう語ります。「いろいろいじめを受けつづけて、人が好きになるには本当に長い歳月がかかりました。（中略）でも今は、本当に病気のおかげだなって思っています。なぜならば、私たちは母が人様より早く病気にかかったためにいじめにおおたけれども、そうでなければ水俣ではいじめる側に立たされたです。だって、水俣ではチッソが殿様だったし、殿様を支えたのが国だったし、行政だったし、私たちは虫けら同然だったですから。」(18)

　「海が私の治療場だったちゅうことでした。（中略）海に行くからこそ、ちっぽけな陸（おか）であるちゅうか。人を憎んだり、いろいろなことで悩んでも、海に行けばすぐ次の波で打ち消してくれる、そげん海です。」(19)

　「水俣はずっとつづいとる良か山がありまして、ずっとつづいとる長か川がありまして、そして、私たちの住んどる海までつづいとっとです。山に雨が降りますれば、山のミネラルをいっぱい含んだ水が、まんべんなく浜ん小浦を伝わりまして、ビナ（巻き貝）どんたち、貝どんたちに行き渡っとです。そして藻が育てば、いやでん（いやでも）魚たちの寄って来っとです。でも、木が病み、海が病み、人が病んだときは、聞いてくれろっていうても誰も聞いてくれまっせんでした。それを耐えて、今日死ぬ、明日死ぬちゅう生活からここまで来るまでの間には、ほんとうにいろいろな人たちが死んでいきました。それでも身体の弱か私が生き残ったのは、生きっとったっじゃなかっだな、生かされとったっだなっていう思いがあります。」(20)

　水俣に来た人たち（私自身もそうでした）は、杉本栄子さんから、次のような言葉をかけられます。「どうぞ、健康な時は忙しゅうございますで、具合の悪うなってから水俣に来てくだまっせ。そして塩水につかって元になってまた

帰る、そんな水俣を考えてくださいませ」[21]。都会から来た人たちは、水俣病患者の杉本栄子さんに、逆に癒され、元気づけられて帰っていきました。

吉本哲郎（1948 〜）

　吉本哲郎さんは、水俣市の農村部、薄原（すすばる）の生まれです。1971 年から 2008 年まで水俣市役所職員でした。現在は、地元学ネットワークの主宰者です。吉本さんは、水俣市と地域社会の再生に大きな役割を果たします。

　1990 年、熊本県（当時の県知事は後に首相になる細川護熙）が「環境創造みなまた推進事業」を立ち上げます。その駆動力として、当時の水俣市長の吉井　勇に見いだされたのが、吉本さんでした。

　吉本さんは、「寄ろ会みなまた」を設立します。これは水俣市の 26 行政区ごとの住民集会に基づく自治組織です。この寄ろ会みなまたを通じて吉本さんが行なったのは、水俣病の経験を漁民の人たちだけでなく、内陸の農村の人たちにも共有させることでした。それを通じて、地域の分断から再生 —— 地元の言葉で「もやいなおし」[22] —— をめざしたのです。

　協力を得るために吉本哲郎さんは、上述の杉本栄子さんの家を訪ねます。杉本さんは吉本さんを家に招き入れ、自分の身の上を語り、吉本さんは杉本さんの話にじっと耳を傾けます。そして最後に、杉本さんは吉本さんに、「海のもんと山のもんがつながれば何とかなる」と言います。それはまさに、異なるローカルな風土の間の「和解」を示唆する言葉だったと思います[23]。

　1994 年には、水俣埋立地（エコパーク水俣）で水俣病犠牲者慰霊式が開催されます。吉井水俣市長が水俣病患者の人たちへの公式謝罪をはじめて行ないます。その後、杉本栄子さんが、埋立地に埋められた魚に成り代わったスピーチをし、集まった人たちに衝撃と共感を与えました[24]。

「地元学」の思想

　水俣は現在、かつての公害都市から環境モデル都市へと変貌し、ISO14001 の取得、23 種類ごみ分別、ごみ減量女性連絡会議、お茶農家などの環境マイスター認定、水の経路図づくりなど、様々な活動を行なっています。そこには、水銀汚染された工場排水が海に流されてそれを魚・人間が食べたことによって

起こった病気である水俣病への反省から、ゴミ・水・食を大切にしようという思いがあります。

　吉本哲郎さんが提唱する「地元学」とは、「地元のことを地元の人たちが、外の人たちの目や手を借りながらも自らの足と目と耳で調べ、考え、そして日々、生活文化を創造していく。その連続行為」[25] のことです。そこには、たくさんの人が外から水俣病を調べにきたが、地元の人たちは詳しくならなかった。地元の者が自ら調べて詳しくならなければ、地域の問題解決の当事者とはなりえないという反省があります。

　「土の地元学」とは、地元の人たちによる地元学のことです。それに対し「風」とは、外の人がもたらす変化や情報、知的刺激のことであり、思いがけない地域の資源や力に気づかせてくれます。「風の地元学」とは、外の人たちと地元の人たちとの協働による創造行為のことです [26]。地元の人を軸にしながら、その相互作用により新たな「風土」が生まれるというのが、地元学なのです。

　「ないものねだりからあるもの探しへ」というのが、地元学のキャッチフレーズです。そこには、補助金などに依存して政府や中央に従属するのではなく、ローカルな資源を発見し活用することで地域振興を図ろうという信念があります。これからの地域の将来像と、住民主体の開発／エンパワーメントのひとつの方向性が示唆されていると思います [27]。

☞ **本章の問い**：①水俣病が、いまだに解決困難な問題になってしまっているのはなぜだろうか？　②水俣病と「風土」の関係、主体としての水俣の人々の実践について、あなたが印象づけられたことを述べてください。

第15章 「被災地」の復興と場所・風土の再構築
－陸前高田市のフィールドワークから－

1. 陸前高田市と東日本大震災

　最終章では、2011年3月11日の東日本大震災の津波で大きな被害を受けた、岩手県陸前高田市に焦点を当て、被災地の復興をめぐる課題を、場所・風景・風土の視点から考えます。

　陸前高田市は、岩手県沿岸部の最南端、宮城県との境に位置します。震災前

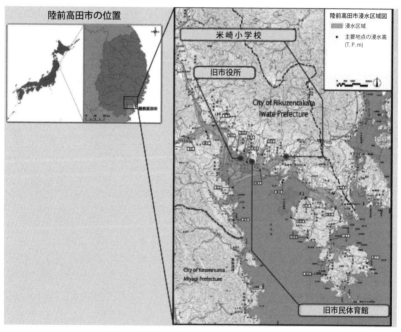

図1　陸前高田市の位置と津波浸水区域
（陸前高田市東日本大震災検証報告書〈陸前高田市役所HP〉および国土地理院資料により作成）

の人口は 24,246 人でした。震災の津波の犠牲者は、死者 1,558 人（避難所など
で亡くなった関連死 47 人を含む）、行方不明者 202 人で、合計 1,760 人になり、
県内最多です。この数字は被災前の人口の 7.3％にあたります。図 1 でグレー
に塗られた部分が、東日本大震災の津波で浸水した区域です。市役所や市民体
育館などがあった市街地中心部がすべて水没しただけでなく、気仙川を遡上し
た津波が、内陸部の、こんなところまで津波が来るとは想像もしなかった地域
の家や人々まで押し流しました。津波で浸水した区域内の人口に占める犠牲者
の割合は 10.6％に上り、これは東日本大震災で被災した市町村の中でも最も高
い数値になります [1]。

津波の常襲地という風土

　宮城県、岩手県、青森県にまたがる三陸地方（陸前、陸中、陸奥の総称）の
沿岸部は、繰り返し津波に襲われてきた歴史を持ちます。1896（明治 29）年
の明治三陸津波では死者 2 万 2 千人、1933（昭和 8）年の昭和三陸津波では死
者 1,500 人と、大きな犠牲者を出しています。今生きている人が記憶している
のは、1960 年のチリ地震津波です。住民の中には、その時ここまでしか津波
が来なかったので大丈夫と油断して、逃げ遅れた人もいると聞きます。
　陸前高田市の広田半島にある広田町は、漁業を基盤とする地域ですが、ここ
に昭和三陸津波後に建てられた石碑が 7 本立っています。そこには共通に「地
震があったら津波の用心」「津波を聞いたら欲捨て逃げろ」「それ津波機敏に高
所へ」「低いところに住家を建てるな」という警句が記されています。今回の
津波でも、この石碑より上にはほぼ被害が及んでいません。過去の津波の教訓
が生かされなかったことが、今回の被害の大きさにもつながっています。

陸前高田の風土

　陸前高田市は、1955 年に 8 つの町村が合併して誕生しました。高田町は行政・
商業の中心地、気仙町は歴史的な中心地です。果樹中心の農業と漁業の米崎村、
漁業が盛んな広田町と小友村、山に抱かれた農山村の横田村と矢作村と、それ
ぞれ異なる風土があり、今でも人々はローカルな帰属意識を持っています。
　陸前高田の中心市街地は、気仙川が作り出した沖積低地に広がります。鮎が

上る清流の気仙川が、山からのミネラル溢れる水を海に届け、ホタテやカキなどの養殖が盛んです。三陸沿岸には珍しい広い砂浜を持つ高田松原は、7万本といわれる松林があり、日本百景にも選ばれ、県内外からたくさんの海水浴客を集めました。陸前高田は「山も、川も、海もあるよいところ」でした。

2. 震災後のフィールドワーク

震災後はじめての訪問

　私が、お茶の水女子大学（以下、お茶大）の同僚の教員2名と学生2名とともに、父の生まれ故郷でもある陸前高田市を震災後はじめて訪ねたのは、2011年4月21日でした[2]。印象的だったのは、匂いの違いです。気仙沼は、重油流出の大火で油の臭いがしました。大船渡は、水産加工場が壊れて魚の腐った臭いが漂っていました。その間の陸前高田は、何も匂いを感じませんでした。何もなくなったのだと実感しました。

　気仙沼、大船渡も大きな被害を受けたのですが、市役所は幸い無事で、中心市街地も残っていました。一方、陸前高田では、市役所そのものが被災して、3分の1の職員が亡くなり、中心市街地がすべて津波で破壊されていました。

お茶大「陸前高田実習」と米崎小学校仮設住宅

　連休明けに大学で報告会を行なうと、関心を持つ学生がたくさん集まってくれました。「被災地」に自分も何か貢献したいという熱意を感じました。

　6月に陸前高田を再訪し、市役所からもらったリストを手に、飛込みで米崎（よねさき）小学校の仮設住宅を訪ねました。自治会長の佐藤一男氏と出会い、同住宅の集会所で、学生とお茶を飲みながら話をする企画を受け入れてもらいました。

　学生を安全に教員が引率して連れて行く方法として、「地域研究実習」の授業枠を使うことにしました。年4回程度訪問し、学生は5～6名、私を含む3名の教員は交替で、大学院生のティーチング・アシスタントは毎回参加しました。

　最初悩んだのは、辛い体験をした方々からお話を聞いてよいものかということでした。参加学生には、こちらから聞き出さず、話してくれればじっくり聞

写真 1　米崎小学校仮設住宅（2013 年 2 月）　写真 2　集会所での「お茶っこ」の会（2014 年 6 月）

く「問わず語り」の手法を伝えました。学生たちは毎回入れ替わるので、帰ってきた学生たちが後の学生に報告会を行なうことで事前学習とし、連続性を持たせました。仮設住宅の住民との間には、「お茶大の学生がまた来てくれた」という信頼関係が生まれるようになりました。

　翌年、自治会長の佐藤さんから、ぜひ学生たちに津波から逃れた体験を聞き取ってほしいという依頼を受けました。その成果は『聞き取りからみえる東日本大震災』（2012 年度報告書）としてまとめました。それ以降も、毎年報告書を作り、お世話になった方々に配りました [3]。

　この実習は、フィールドワーク実習としてはたいへん質の高いものでした。その理由は、まず、被災地陸前高田を訪れることが、学生たちにとって強烈な「場所」の体験だったことです。第 2 に、お話を聞かせてくれた住民や関係者の方々の語りが、学生たちに何かを伝えたいというメッセージ力を強くもっていました。そして第 3 に、米崎小学校仮設住宅（写真 1）の集会所という「居場所」の存在です。毎回の訪問では学生がチラシを作って配り、集会所で「お茶っこ」の会を開きました（写真 2）。集会所の常連の方々から「お帰りなさい」と迎えられる関係性が生まれ、私たちのホームとなりました。

仮設住宅住民の聞き取りから

　聞き取りから見えてきたことを紹介します。地震から津波まで、あらかじめ家族で避難・行動の段取りを決めていた例は少数でした。海の近く（海が見える場所）の人の方が逃げていて、津波の到来を想定した行動をとっていました。

また、その時誰といたか、誰といようとしたかによって、行動（そしてその結果の生死）が大きく左右されていました。震災後「津波てんでんこ」という言葉が注目され、津波になったら各自が自らの責任で逃げることが奨励されましたが、これが実はなかなか難しいことなのだとも感じました。

　仮設住宅での暮らしについては、「隣の声が聞こえてしまう」「暑くて大変」「床の下に水がたまる」「1部屋では不自由。2部屋ほしい」などの不満も聞かれましたが、「トイレや水が自由に使えて、テレビもある」「何が足りないって言ったらきりがないので、あまり考えないようにしている。一番最悪の時に比べれば、全然よいので…」という声もありました。

　米崎小学校の仮設住宅は、完成・入居が2011年5月という早い時期で、同じ地区の人がまとまって入居しました。そのため「隣近所は前から知ってる人が多い。大体顔は知っている」「自治会の皆が協力的」という人が多かったのですが、「周りとのコミュニケーションはあまりない」「気の合う人もいるが、話したことのない人もいる」「夜になると寂しい。このまま朝になっても目覚めなかったらどうしようと思うこともある…」といった声も聞かれました。

　仮設住宅に通って気がついたのは、ジェンダーによる差異です。集会所にいつも顔を見せてくれるのは年配の女性で、津波の体験なども含め、明るく積極的に話してくれました。仮設住宅の玄関先に置かれたプランターに花や野菜を植え、それを話題に隣近所とコミュニケーションしていました。しかし男性は集会所に全く姿を見せず、部屋に引き籠っている人も多く見受けられました。

3.「復興」の進展と風景の変化

嵩上げ工事の進行

　私たちが通っている間に、陸前高田の風景はどんどん変貌していきました。2011年～12年には、市役所や市民体育館など、津波で壊された建物がまだそのまま残っていました（写真3、4）。市民体育館は、一時避難所に指定されていたため、100人以上の人が避難していましたが、津波に襲われ、生き残ったのは数人だけという場所です。車や松の木などが散乱し阿鼻叫喚が聴こえるような現場を見て言葉を失うところから、初期の実習はスタートしました。

写真 3　被災した市役所（2011 年 10 月）

写真 4　市民体育館の内部（2011 年 10 月）

　2013 年度から、復興予算を用いた公共工事が本格化します。被災した建物の解体が進み、山を切り崩して高台に住宅用地が造成されます。その土を使って、浸水した市街地全体を 10 数 m 嵩上げするという、類を見ない大規模な工事が進展していきます。2014 年には、トラックだけでは間に合わないので、山を削った土砂を嵩上げ地に運ぶベルトコンベア（「希望の架け橋」と名付けられました）が、数十億円かけて作られました。

　嵩上げ工事が進行する街を見下ろす災害公営住宅（震災後建設された高層賃貸住宅）に住むある高齢の男性が、毎日この景色を窓から眺めながら、土の下になった自分の家屋敷を思い浮かべていると呟きました。「私たちは 2 度、町を失った。1 回目は津波で、2 回目は嵩上げ工事で」という声も聞かれます [4]。大規模な公共工事で様変わりする街の風景への違和感と葛藤がうかがえます。

復興の現状と課題

　嵩上げ地の中心部にはショッピングセンターや飲食店などが立ちつつある一方で、空き地も目立ちます。嵩上げ工事は、区画整理事業（事業費 1,700 億円）と津波で被災した住宅の防災集団移転を組み合わせて実施されましたが、利用状況は 5 割程度（2020 年 11 月市役所での聞き取り）です。未利用地の多い理由は、高台に家を再建して浸水区域の土地が利用されなかったり、引き渡しまで待てずに移転あるいは盛岡市などの内陸部に移住したり、高齢者などが当初自宅を建設予定だったが災害公営住宅に入居したり等、様々です。2013 年度の意向調査に基づき計画されたのですが、制度の制約もあり、その後の状況変

化に柔軟に対応できなかったことも要因になっています⁽⁵⁾。

　2018 年度までに仮設住宅はすべて取り壊され、多くの人は防災集団移転という形で、地区ごとにまとまって一戸建の住宅を建てました。津波で被災した土地を売却した資金などで建設するのですが、地価や建設費の高騰、敷地が 100 坪に制限されて（多くの人は震災前はもっと広い土地に住んでいました）敷地一杯に家を建て、庭や菜園などが作れないといった問題もあります。

　災害公営住宅は賃貸の集合住宅です。一戸建ての再建が難しい高齢者が多く入居しています（市営脇ノ沢住宅の場合、58 世帯中 22 世帯が単身高齢世帯）。扉を閉めると隣と遮断され、コミュニティ形成が難しいことが課題です。

　米崎小学校仮設住宅自治会長の佐藤氏は「陸前高田はエンゲル係数の低い町だった」と言います。それは海産物と農産物（菜園で採れた野菜なども）の交換が地域の中で頻繁に行なわれ、食費をかけなくても（質の高い食生活で）暮らせたことを意味します。震災が奪ったのは、数量化できる経済基盤だけではありません。こうした交換経済とそれを支えていた社会関係も大きな打撃を受けたのです。

4．陸前高田の人々の原風景

原風景とは何か

　私は「原風景」を、「個人の心に深く刻み込まれ、繰り返しあるいは時折、強い情感を伴って喚起される風景」と定義しています。

　お茶大の授業で、受講生の「原風景」を尋ねたことがあります⁽⁶⁾。その中で発見したのは、原風景に自然的風景（田んぼ、畑、草むら、木、林、森、川、海、山、空…）が多く登場することでした。高校時代までの故郷への懐かしさもあったかもしれませんが、人工的風景への嫌悪や、遊び場の川が河川改修工事によって近づけなくなった憤りの回答などと重ね合わせると、学生たちの人格形成にとって、自然的風景が大きな位置を占めていることがわかりました。

　原風景形成の契機としては、3 つの心情がありました。1 つは、「温かさ」「安心」。主に家の中とその周囲の風景と結びついた、幼少期の記憶です。第 2 に「自由さ」や「解放感」。近隣仲間との遊び（秘密基地を作ったり等）の中で生まれ、

成長による行動空間の拡大と結びついています。そして第 3 が「寂しさ」「孤独」「不安」の感情です。親から離れた寂しさや孤独感、苦渋を伴う体験、将来への不安とともに、それらの風景が物理的・精神的に手の届かないものになったという「喪失感」が色濃く存在していました。

陸前高田の人々の原風景

2019 年 12 月末、陸前高田の人々に、原風景の調査を依頼しました[7]。以下、その回答の一部を紹介します（カッコ内は性別、年齢、出身地区）[8]。

①子供の頃の遊びや生業、自然との関わり

「私の幼少期は毎日海で育ったような気がする。父は漁師なので小舟で海に出る時は、いつも自分を乗せて行ったりした。まだ小学生になったかその前の頃だと思う。…あの頃浜に誰一人いなくても、一人で泳いだりした。中学生になって、秋から冬にかけて毎日イカ釣に行くので、午後の勉強はせず、先生に行って暇をもらって帰ってきて海に出た。だから学校も勉強もあまり好きではなかった。今日何々だから学校休めと父に言われると、喜んで休んだものだ。」（男、70 代、広田町）

「気仙川で一人で遊ぶのは、小学校 4 年になれば許された。…魚を獲るときは、ヤスで突く。ペットボトルと竹籠を使って、イワナ、ヤマメなどを獲ることもあった。小 4 から中 3 くらいが遊び仲間。ガキ大将がいて、厳格なヒエラルヒーがあった。上の子が下の子にいろいろなことを教える。自分は「最後の野生児」だった。」（男、40 代、横田町）

②高田松原の風景

「7 万本の松が生息し、当時高校の部活動（バレーボール）で、学校から 3km の海岸までランニングし、松林の中で冬場のトレーニングで汗を流したものです。夏は授業が終わってから泳いだり、貝を取った楽しい思い出が有ります。赤いハマナスの花が似合う高田松原は、高田市民の心の原風景だと思います。…今市民有志で松林の再生をしていますが、生きている間にもう一度見るのが目標です。」（男、60 代、広田町）

「元日、昔の松原、海の方へ向った。高い処から広田湾を眺めて、倅に言った。俺ここに 20 本くらい松の苗を植えたんだと…この穏やかな広い海を見ながら、津波前は何度も砂浜を走ったり、松林の中を散歩した。すっかり変わってしまった松原に泪が出そうになった。大好きな海だったのに、なぜあの日大暴れして数多くの人の命まで奪って行ったかと…。」（男、70 代、広田町）

写真5　嵩上げした中心市街地（2021年12月）　　写真6　植林が進む松林（2022年5月）

③震災前の街の風景

　「私の原風景といったら、やはり震災前の高田の町並みでしょうか。（中略）。南には太平洋を望む弓なりの広田湾、数kmに及ぶ7万本の松林、清流気仙川での鮎釣り、北には氷上山、夏には県内外の人々が海水浴に訪れ、自然豊かな故里でした。でもあの日で全てが変わってしまいました。町全体を十数m嵩上げして、市街地を作り、人々は山を切り開き、上へ上へと住宅を再建し、今は昔を思い出す所は殆どなくなりました。小学校も浸水したため、昨年8月に高台に移転しました。一緒に暮らしている孫たちは、生まれ変わった高田で生活を始めています。もう私の原風景と孫達のそれはきっと違ったものになるのでしょうね。」（女、70代、高田町）

　「私は、我がふるさとを、自他ともに日本一と言ってはばかりませんでした。海あり、山あり、川ありで、自然の恩恵をたくさんいただいて成長してきました。思い出は、河原の石にも、磯部の砂にも、栗やアケビや獣にも、そしてその風景にも全てにあります。故に、復興が進んでいるとはいえ、かつてのそよ吹く風、潮の香、あたたかな陽だまりはなく、強い東風、失われた緑地に吹く西風の土埃、民家はなく荒野に立つ砦のような商店街ばかりで、心のともらない町づくりになってしまっています。要因は、市民の貴重な意見を検討することなく、進めた復興計画にあると思います。現在、震災前の建物復旧の名目で、以前より立派な箱物が次々と建ち、復興が進んでいるとみられていますが、これらの運営管理が心配されるところです。」（男、80代、高田町）

　私の縁が高齢男性に多かったため、風景の喪失を嘆く声が多く寄せられました。時間の経過による変化や、若い世代の思いももっと聞き取っていく必要が

あるでしょう。

5．外部者として「被災地の復興」にかかわる

被災地・被災者とは

　「被災地」とは、災害で被害を受けた地域のことです。「被害」には、物質的・経済的なものだけでなく、精神的・心理的なものも入ります。家族や親戚、友人や知人を失ったこと、自らが日常を送ってきた家屋敷を失ったこと、慣れ親しんだ風景や市街地を喪失したこと、それらすべての要素を含むものです。それは「場所の喪失」（displacement）と言い表すことができるでしょう。被災地とは、この「場所の喪失」が広範かつ一時に生じた地域といえます。

　しかし、その様相は決して均質・一枚岩ではありません。陸前高田の人で自宅を流されていない人は、自分のことを「被災者」とは呼ばず、「在宅者」と言います。被災地の中にも、様々な線引きが存在しています

内部者・当事者と外部者の役割

　陸前高田には、震災の支援等に来てそのまま移住してしまった人も多くいます。お茶大の実習で、陸前高田を訪ねた学生は 160 名に上ります。参加学生たちは、実習の中で「被災地／者」という色眼鏡を外し、人々の温かさに心を揺さぶられる体験をします。そして「外部者」としての自分に何ができるのかを自問することになります。陸前高田生まれの父を持つ私は、いわば内部者と外部者の間に身を置きながら、両者をつなぐ役割を果たしたと思います[9]。繰り返し訪ね続ける学生たちもいて、内部者と外部者の境界は揺らぐのですが、また厳然とした境界を感じる場面もあります。外部者というのは、気ままに来て気ままに立ち去ってしまう（権利を持つ）存在だからです。

　「当事者」という言葉を考えてみます。津波を経験していない外部者は、当然「当事者」ではありません。当事者という言葉は、事件や問題の当事者のようにネガティヴな意味合いで使われることが多いのですが、上野千鶴子はケアをめぐる議論の中で、当事者を「自己のニーズを充足させる権利を持つ主体」として再定義しています[10]。このニーズは、第三者（たとえば行政）によっ

170

て客観的に規定され、一方的に与えられるものではなく、様々なアクターによる相互行為と交渉過程の中で生成されるものです。

　被災者にとってのニーズは、広義の「復興」です。その中身は、経済的・物質的なものだけでなく、精神的なストレスを含む健康や、社会関係、人々が愛着と帰属意識をもつ場所や風景や風土といったものまで含まれます。私たちにできることは、フィールドワークを通じた当事者との相互作用の結果、生み出される「ニーズ」に対して責任を持ちつつ、かかわり続けていくことでしょう。

場所と風土の再構築

　陸前高田を本拠にする「桜ライン311」は、津波の最高到達点に桜を植える活動をしている団体です[11]。「私たちは悔しいんです」で始まるHPには、津波の記憶が風化してしまったことが大きな被害につながった反省と、石碑に代わり桜を植えることで、世代を超えて津波の記憶を語りあう機会を作る希望が語られています（ベルクが論じた日本の「花見」文化がもたらす共同性を思い起こしてください）。「高田松原を守る会」は、震災前から存在していた会ですが、県や市と協働して、高田松原の再生のための植樹活動に取り組んでいます[12]。

　高田松原が再生するには50年の歳月が必要だと言います。震災から年月が経ち記憶の風化が進む中で、陸前高田の計画的に作られた「空間」が人々の愛着のある「場所」になっていく過程を共有し、風土の再構築に加わるために、通い続けたいと思っています。

　☞ **本章の問い**：①あなた自身の「原風景」はどのようなものですか？　②被災地の人々にとって、場所や風土の復興には、何が必要でしょうか？

注

［第 1 章の注］

(1) フランスの移民問題についての先駆的な本として、林　瑞枝（1984）『フランスの異邦人－移民・難民・少数者の苦悩－』（中央公論社）をお薦めします。郊外の移民集住地区の研究としては、森　千香子（2016）『排除と抵抗の郊外－フランス〈移民〉集住地域の形成と変容－』（東京大学出版会）が優れています。

(2) スコット, ジョーン・W. 著、李　孝徳訳（2012）『ヴェールの政治学』みすず書房。ライシテ原則とフランス社会を論じた書として、伊達聖伸（2018）『ライシテから読む現代フランス－政治と宗教のいま－』（岩波書店）、ライシテとムスリムの「場所」の承認についてフィールドワークに基づいて論じた研究として、佐藤香寿実（近刊）『ライシテの普遍主義を問い直す－「辺境の街」ストラスブールにおけるムスリムの場所づくり－』（仮題、人文書院）を挙げておきます。

(3) パレスチナ問題については多数の本がありますが、読みやすい本として、立山良治（1989）『イスラエルとパレスチナ－和平への接点を探る－』（中央公論社）、広河隆一（2002）『新版 パレスチナ』（岩波書店）、臼杵　陽（2013）『世界史の中のパレスチナ』（講談社）、少し専門的になりますが、パレスチナ生まれのサイード, エドワード著、杉田英明訳（2004）『パレスチナ問題』（みすず書房）を挙げておきます。パレスチナ人が故郷を奪われた出来事をアラビア語で Nakba（大惨事）と呼びますが、これについては、広河隆一編（2008）『パレスチナ 1948 NAKBA』（合同出版）もぜひ参照してください。

(4) エリス, デボラ著、もりうちすみこ訳（2006）『三つの願い－パレスチナとイスラエルの子どもたち－』（さ・え・ら書房）は、パレスチナとイスラエルの子どもたちの語りを集めた貴重な本です。相互の意思疎通の困難さと期待の双方が伝わってきます。

(5) 宮沢賢治（1995）『農民芸術概論』宮澤賢治全集 10、筑摩書房、p.18。

(6) APFS の HP は、APFS - ASIAN PEOPLE'S FRIENDSHIP SOCIETY（http://apfs.jp/）。

(7) 非正規滞在移民の現状と課題については、次の本を参照。渡戸一郎・鈴木江里子・A.P.F.S. 編（2007）『在留特別許可と日本の移民政策－「移民選別」時代の到来－』明石書店。

(8) あかつきの村の HP は、あかつきの村｜社会福祉法人フランシスコの町（http://akatsuki.christian.jp/）。

(9) 熊谷圭知・新井佑理（2018）「ベトナム難民の定住過程と多文化共生の課題－群馬県伊勢崎市・前橋市でのフィールドワークから－」お茶の水地理 57、pp.10-19。

(10) マッシー，ドリーン著、森　正人・伊澤高志訳（2014）『空間のために』月曜社。

[第 2 章の注]

(1) 風水思想については、下記の文献が参考になります。渡邊欣雄著（1990）『風水思想と東アジア』人文書院。渡辺欣雄（1994）『風水－気の景観地理学－』人文書院。

(2) フンボルト，アレクサンダー・フォン著、ヴァイグル，エンゲルハルト編、大野英二郎・荒木善太訳（2001）『新大陸赤道地方紀行』上・中・下、岩波書店。

(3) フンボルト，アレクサンダー・ｖ著、木村直司編訳（2012）『フンボルト－自然の諸相－』筑摩書房。

(4) ラッツェル，フリードリッヒ著、由比濱省吾訳（2006）『人類地理学』古今書院。シュタインメツラー，ヨハネス著、山野正彦・松本博之訳（1983）『ラッツェルの人類地理学－その課題と思想－』地人書房。

(5) ヴィダル・ド・ラ・ブラーシュ，P. 著、飯塚浩二訳（1940）『人文地理学原理』上・下、岩波書店。

(6) 野沢秀樹（1988）『ヴィダル＝ド＝ラ＝ブラーシュ研究』地人書房。野沢秀樹（1996）『フランス地理学の群像－ヴィダル派研究－』地人書房。

(7) クラヴァル，ポール著、竹内啓一訳（1975）『現代地理学の論理』大明堂。

(8) 前掲（7）、p.61。

(9) センプル，E. C. 著、金崎　肇訳（1979）『環境と人間－ラッツェルの人類地理学の体系に基づく－』古今書院。

(10) ハンチントン，エルズワース著、間崎万里訳（1938）『気候と文明』岩波書店。

(11) 曾村保信（1984）『地政学入門－外交戦略の政治学－』（中央公論社）によれば、地政学は、地球を相手にする政治学で、国際関係を動態力学として見るもの、地球全体を一つの単位として見て、その動向をリアルタイムでつかみ、そこから現在の政策に必要な判断を引き出すもの、と規定されています。

　地理学者による新しい批判的地政学の視点を教えてくれる書として、フリント，コーリン著、高木彰彦編訳（2014）『現代地政学－グローバル化時代の新しいアプローチ－』（原書房）があります。最近の地政学ブームへの批判と批判的地政学の動向については、『特集：いまなぜ地政学か－新しい世界地図の描き方－』（現代思想 2017 年 9 月号）が参考になります。

(12) マッキンダー，H. J. 著、曾村保信訳（2008）『マッキンダーの地政学－デモクラシーの理想と現実－』原書房。

(13) ハウスホーファー著、太平洋協会編訳、佐藤荘一郎訳（1942）『太平洋地政學』岩波書店。

(14) 志賀重昂（1927）『志賀重昂全集』第3巻、志賀重昂全集刊行会（日本図書刊行センターより再版、1995）。

(15) 前掲（14）、志賀（1927）、p.62。

(16) 飯本、佐藤は東京を中心とした地政学協会の主要メンバーで、1942〜44年まで『地政学』という雑誌を発行して活動しました。これについては、次の論文を参照。高木彰彦（2009）「雑誌『地政学』にみる日本の地政学の特徴」史淵146、pp.185-203。一方、小牧実繁を中心とした京都大学の地理学教室では、陸軍参謀本部との関わりの中で「皇戦会」が形成され、小牧実繁編（1943）『大東亜地政学新論』（星野書店）が上梓されます。また完結はしませんでしたが、体系的な地誌書の刊行が行なわれました。そこから、米倉二郎や別技篤彦など、第二次世界大戦後の東南アジア・南アジア地域研究を推進する地理学者も輩出しています。日本の地理学者と地政学との関わりについては、下記の労作がありますので、関心ある人はぜひ参照してください。柴田陽一（2016）『帝国日本と地政学－アジア・太平洋戦争期における地理学者の思想と実践－』清文堂出版。

(17) 飯本信之・佐藤弘編（1942）『南洋地理体系』全8巻、ダイヤモンド社。

(18) 飯本信之（1942）「南洋の地政学」、飯本信之・佐藤弘編『南洋総論』所収、ダイヤモンド社、pp.40-48。

(19) 比較的読みやすくお奨めの書を4冊挙げておきます。ハーヴェイ，デヴィッド著、吉原直樹監訳（1999）『ポストモダニティの条件』、青木書店（ちくま学芸文庫として再版、2022）。ハーヴェイ，デヴィッド著、渡辺治監訳（2007）『新自由主義－その歴史的展開と現在－』作品社。ハーヴェイ，デヴィッド著、森田成也ほか訳（2012）『資本の〈謎〉－世界金融恐慌と21世紀資本主義－』作品社。ハーヴェイ，デヴィッド著、大屋定晴ほか訳（2013）『コスモポリタニズム－自由と変革の地理学－』作品社。ハーヴェイがラディカル地理学に展じた書として重要なのが、次の書ですが、今は絶版になってしまっています。ハーヴェイ，ダヴィド著、竹内啓一・松本正美訳（1980）『都市と社会的不平等』日本ブリタニカ。

(20) 阿部一（2001）「トゥアン」、竹内啓一・杉浦芳夫編『20世紀の地理学者』所収、古今書院。

(21) トゥアン，イー・フー著、小野有五・阿部一訳（1992）『トポフィリア－人間と環境－』せりか書房（ちくま学芸文庫として再版、2008）。

(22) 文庫本で読めるものを中心にいくつか挙げておきます。トゥアン，イー・フー著、山本浩訳（1988）『空間の経験－身体から都市へ－』筑摩書房（ちくま学芸文庫

174

として再版、2003）。トゥアン, イー・フー著、阿部　一訳（2018）『個人空間の誕生』筑摩書房。トゥアンが扱うテーマは地理学や空間にこだわらない幅広さがあります。たとえば、トゥアン, イー・フー著、片岡しのぶ訳（1995）『愛と支配の博物誌－ペットの王宮・奇型の庭園－』（工作舎）では、ペットを論じています。

(23) ローズ, ジリアン著、吉田容子ほか訳（2001）『フェミニズムと地理学－地理学的知の限界－』地人書房。

(24) 前掲（23）、p.60。

(25) 熊谷圭知（2013）「場所論再考－他者化を越えた地誌のための覚書－」お茶の水地理 52、pp.1-10。

(26) Relph, Edward（1976）*Place and Placelessness*. London: Pion. レルフ, エドワード著, 高野岳彦・阿部　隆・石山美也子訳（1991）『場所の現象学－没場所性を越えて－』筑摩書房（ちくま学芸文庫として再版、1999）。以下では、読者が入手しやすい、文庫本のページ数を示しておきます。

(27) 前掲（26）、レルフ, p.26。

(28) 前掲（26）、レルフ, p.165。

(29) 前掲（26）、レルフ, p.208。

(30) リッツア, ジョージ著、正岡寛治監訳（2005）『無のグローバル化－拡大する消費社会と「存在」の喪失－』明石書店。

(31) 前掲（30）、p.349。

(32) Auge, M.（1995）*Non-Places: An Introduction to Supermodernity.* London: Verso.

(33) 前掲（32）、pp.82-83。

(34) 前掲（32）、pp.96-97。

(35) Escobar, A.（2008）*Territories of Difference: Place, Movements, Life, Redes.* Durham: Duke Univ. Press.

(36) 前掲（19）、ハーヴェイ（1999）。

(37) ハーヴェイ, デヴィッド著、森田成也ほか訳（2013）『反乱する都市－資本のアーバナイゼーションと都市の再創造－』作品社。

(38) Massey, D.（1993）Power-geography and progressive sense of place. in Bird, J. *et al.* eds. *Mapping the Futures: Local Cultures, Global Change.* Routledge: pp.59-69.（マッシー, ドリーン著、加藤政洋訳（2002）「権力の幾何学と進歩的な場所感覚」思想 933、pp.32-44）。

(39) 前掲（38）、p.68。

(40) マッシー, ドリーン著、森　正人・伊澤高志訳（2014）『空間のために』月曜社、p.267。

(41)　前掲（40）、p.25。

(42)　前掲（40）、pp.289-290。

(43)　『広辞苑』には、「場所」の意味の一つに相撲の場所が挙げられています。日本語の「場所」には、こうした恒常的でなく一時的に生成する空間という意味も含まれているように思います。

(44)　たとえば「家族」（family）は、場所を越えた観念的・規範的関係性であり、それ自体は空間を前提としていません。空間的・時間的に離れていても家族の一員であるという観念は存在する（都市で建設労働に従事する父、海外で家政婦として働く母、留学に行っている娘、亡くなった祖母も「家族」の一員でありうる）からです。これに対し、家庭／ホーム（home）は、基本的に「場所」（に根ざす関係性）です。そこにはシェルターとしての家屋があり、具体的な空間があり、そこに集い（あるいは脱け出し）、物理的かつ経済的に寝食を共にするメンバーがあり、何らかの共同性（ポジティヴに評価するかネガティヴに評価するかは別にして）が生起します。部屋の間取り、採光・通風、匂い、家具の配置…といった物質的要素は、そこに暮らすメンバーたちのホームへのあるいはメンバー相互の愛着や疎外や支配や協働や敵対に大きくかかわります。そのような意味でのホームは、人間にとっての原初的な場所のひとつです。家族の観念や関係性は、このホームと切り離しては考えられません。「家族」の紐帯や愛着や憎悪は、ホームという場所のありようによって規定されることになります。

(45)　グレゴリーほか編の『人文地理学事典　第5版』(2009) の中では、「地域」（region）には次の3つの意味があるとされています。第1に、その諸要素が機能的に結びついているような、地球表面上の中間的サイズの範域、第2に、地球を覆う地域システムの一部であるような存在、第3に、気候地域や経済地域のような、ある特性をもった地表上の部分です。Henderson, George（2009）"region", in Gregory, D. et al. eds. *The Dictionary of Human Geography. 5th edition.* Wiley-Blackwell, p.630。

(46)　Paasi, Anssi（1996）*Territories, Boundaries and Consciousness: The Changing Geographies of the Finnish- Russian Border.* New York: John Wiley & Sons. Paasi, Anssi（2003）Place and region: regional worlds and words. *Progress in Human Geography* 27: 475-485.

(47)　前掲（46）、Passi（1996）、p.208。

(48)　前掲（46）、Passi（2003）。

(49)　「地域」の最小のスケールをどう捉えるかは、難しい問題です。一つの世帯では地域ではありませんが、複数の世帯が集まる「近隣」は地域と呼ぶことができます。一方、わたしたちは、どんなに規模が大きくとも会社や学校自体を地域と

はみなしません。それは、家族や近隣が第一次集団であるのに対し、会社や学校が第二次集団であるからですが、さらにそこに見出されるのは、居住と生命の再生産が、「地域」の本質的要素に関わっているということではないかと考えます。

(50) Kumagai, Keichi（2016）Place, body and nature: Rethinking Japanese *fudo*（milieu）and Minamata Disease. *Geographical Review of Japan series B* 89（1）: 32-45.

［第3章の注］

(1) 熊谷圭知（2010）「ローカル・センシティヴなジェンダーと開発と男性－私のジェンダー論－」お茶の水地理 50、pp.27-47。

(2) UNDP は最近では「多元的貧困指数」（Global Multidimensional Poverty Index）という指標を作り、健康や教育、生活の質を取り入れた貧困の概念を模索していますが、やはり相対化の問題は残ります。

(3) スティグリッツ, ジョセフ著、楡井浩一訳（2006）『世界に格差をバラ撒いたグローバリズムを正す』徳間書店。

(4) ライシュ, ロバート著、雨宮 寛・今井章子訳（2008）『暴走する資本主義』東洋経済新報社。

(5) ザックス, W. 編、三浦清隆ほか訳（1996）『脱「開発」の時代－現代社会を解読するキイワード辞典－』晶文社（Sachs, W.（1992）*The Development Dictionary: A Guide to Knowledge as Power.* London: Zed Books）。エステバ, G. 著、三浦清隆訳（1996）「開発」、ザックス編『脱「開発」の時代』所収、pp.17-41。

(6) Escobar, A.（1995）*Encountering Development: The Making and Unmaking of the Third World.* Princeton University Press.（エスコバル, アルトゥーロ著、北野 収訳（2022）『開発との遭遇－第三世界の発明と解体－』新評論）

(7) コモンズをめぐる議論は、最近様々な分野で活発に行なわれています。たとえば、室田 武・三俣 学編（2004）『入会林野とコモンズ』日本評論社。宮内泰介編（2010）『コモンズを支えるしくみ－レジティマシーの環境社会学－』新曜社。ハーヴェイ, デヴィッド著、森田成也ほか訳（2013）『反乱する都市－資本のアーバナイゼーションと都市の再創造－』作品社。

(8) 西川 潤・生活政策研究所編（2007）『連帯経済－グローバリゼーションへの対案－』明石書店。

(9) ラトゥーシュ, セルジュ著、中野佳裕訳（2010）『経済成長なき社会発展は可能か？－〈脱成長〉と〈ポスト開発〉の経済学－』作品社。

(10) 前掲（9）、p.208。

(11) チェンバースには『第三世界の農村開発：貧困の解決－私たちにできること－』

明石書店、1995（原題は *Rural Development. Putting the Last First*. London: Routledge, 1983）、『参加型開発と国際協力－変わるのはわたしたち－』明石書店、2000（原題　は *Whose Reality Counts? Putting the First Last*. London: Intermediate Technology, 1997）の 2 冊の主著があります。英語の副題にあるように、「最後の者（弱者）を最初に」から「最初のもの（強者）を最後に」へと変わっているのは、彼の思想の進化を示しています。

(12) 参加型開発への批判としては、次の書を参照。Cooke, B. and Kothari, U. eds. (2001) *Participation: The New Tyranny?* . London: Zed Books. ヒッキィ，サミュエル＆モハン，ジャイルズ編著、真崎克彦訳（2008）『変容する参加型開発－「専制」を超えて－』明石書店。

　　私は 2005 年にチェンバースが所属するサセックス大学の開発学研究所（Institute of Development Studies: IDS）に客員研究員として滞在し、チェンバースの主宰するワークショップに参加する機会がありました。サンダル履きの気取らぬ姿で、朝早くから一人で準備をし、ロールプレイなどを通じて「力を持つ者」が「力を持たぬ者」の立場や心情を理解することがいかに難しいかを熱心に説く彼の姿に印象付けられ、彼自身が、参加型開発のマニュアル化を何より嫌っていることも伝わってきました。

(13) Boserup, Ester (1970) *Women's Role in Economic Development*. London: Earthscan.

(14) 前掲（13）、pp.3-24.

(15) 前掲（13）、pp.41-53.

(16) 田中由美子・大沢真理・伊藤るり編著（2002）『開発とジェンダー－エンパワーメントの国際協力－』国際協力出版会。Moser, C. O. N.（1993）*Gender Planning and Development: Theory, Practice and Training*. London: Routledge.（モーザ，C. 著、久保田賢一・久保田真弓訳（1996）『ジェンダー・開発・NGO －私たち自身のエンパワーメント－』新評論）

(17) その最たるものが、女性器切除（femalegenital mutilation : FGM）をめぐる論争でしょう。これについては多くの議論がありますが、エジプトのフェミニストが著した下記の書をぜひ読んでみてください。自身の FGM 体験のトラウマから始まるこの書で、彼女はアラブ女性の抑圧の構図を語りながら、同時に西欧中心主義的眼差しを厳しく批判しています。サーダウィ，ナワル・エル著，村上真弓訳（1988）『イヴの隠れた顔－アラブ世界の女たち－』未来社。

(18) Cornwall, A. and White, S. C. eds.（2000）Men, masculinities and development: Politics, policies and practice, *IDS Bulletin* 31 (2)：Institute of Development Studies.

(19) 日本の社会経済的変化に伴う男性性の変容について、私は下記で論じています。

178

熊谷圭知(2015)「現代日本の社会経済変化と男性／性の変容をめぐる試論ー「場所」と「ホーム」の視点からー」ジェンダー研究 18、pp.87-98。

(20) たとえば「ジェンダー計画の目標は女性の従属からの解放であり，その平等・公正・エンパワーメントの達成である」と冒頭に述べるモーザの議論にはそれを強く感じます。前掲（16）、Moser（1993）。

(21) Mohanty, C.（1991）Under Western eyes: feminist scholarship and colonial discourse. In Mohanty, C. T., Russo, A. and Torres, L. eds. *Third World Women and the Politics of Feminism*. Bloomington: Indiana University Press.

(22) フックス，ベル著、大類久恵監訳（2010）『アメリカ黒人女性とフェミニズム』明石書店。

(23) Mohanty, C.（2003）"Under Western eyes" revisited: feminist solidarity through anticapitalist struggles, *Journal of Women in Culture and Society* 28(2),pp.499-535. 引用は、モーハンティー,チャンドラー著、堀田　碧ほか訳（2012）『境界なきフェミニズム』（法政大学出版局）による。

(24) 前掲（1）。

[第4章の注]

(1) 沖縄には、日本本土の言葉とは別言語の琉球語があります。奄美文化圏、沖縄文化圏、先島（宮古島、八重山）文化圏に分けられ、それぞれに固有の言語があります。12世紀ごろには、琉球文化圏が形成され、15世紀に成立した琉球王国は、中国、朝鮮、日本、東南アジアと交流・交易を行なう独立国でした。1609年に薩摩藩は、琉球国を武力侵攻して支配下に置き、サトウキビのモノカルチャー経済が形成されます。明治維新によって1872～79年に「琉球処分」が行なわれ、廃藩置県が強要されて、琉球王国は滅亡しました。その後、学校などでは琉球語を話すことが禁じられ、標準語が強制されます。しかし琉球文化は、人々のアイデンティティになっていますし、自らを「ウチナンチュー」「ナイチャー」と呼び、本土から来た人（ヤマトンチュー）と自身を区別する意識も強く存在しています。このように国家と地域の区分というのは、絶対的なものではなく、流動的なものです。それは歴史的に作られたものであり、そのスケールも多様なのです。

(2) オーストロネシア語族に属する言語（オーストロネシア諸語）は、太平洋島嶼部、インドネシア、マダガスカル島などに広がっています。これらの言葉の原型は、今から5千年ほど前に台湾で話されていたオーストロネシア祖語に遡ります。台湾を出発したオーストロネシア言語の話者は、フィリピンを南下して、インドネシアで四方に拡散し、その一部がニューギニア島沿岸部からメラネシア地

域に入り、太平洋全域に広がったと考えられています（菊澤律子（2010）「言華と人々」、熊谷圭知・片山一道編『朝倉世界地理講座 15　オセアニア』所収、朝倉書店、pp.97-113）。

(3) パプアニューギニア独立国は、パプアニューギニアの正式名称です。

(4) 太平洋の島々は、そのでき方によって大きく 2 つに分けられます。すなわち、火山によって生まれた火山島と、サンゴ礁が離水して島となったサンゴ島です。前者は「高い島」、後者は「低い島」です。火山島は、さらにメラネシアに多い大陸性の古い地殻による陸島と、太平洋プレートからの噴火によって隆起して作られた洋島に分けることができます。ミクロネシアに多い環礁島などの低い島は、風景は美しいのですが、石灰岩で覆われ、資源にも水にも乏しく、海洋資源の利用に依存することになります。

(5) 熊谷圭知・片山一道（2010）「オセアニアという世界」、熊谷圭知・片山一道編『朝倉世界地理講座 15　オセアニア』所収、朝倉書店、pp.3-17。

(6) 片山一道（2010）「オセアニアを創った人たち」、熊谷圭知・片山一道編『朝倉世界地理講座 15　オセアニア』所収、朝倉書店、pp.37-51。

(7) ブーガンヴィル著、山本淳一訳（2007）『世界周航記』岩波書店。ダンピア, ウィリアム著、平野敬一訳（2007）『最新世界周航記』上・下、岩波書店。

(8) 増田義郎（2000）「ヨーロッパ人の太平洋探検」、山本真鳥編『オセアニア史』所収、山川出版社、pp.46-77。

(9) クック著、増田義郎訳（2004 ～ 2005）『クック太平洋探検』1 ～ 6、岩波書店。

(10) 山中速人（2004）『ヨーロッパからみた太平洋』山川出版社。

(11) サーリンズ, マーシャル著、山本真鳥訳（1993）『歴史の島々』法政大学出版局。

(12) 前掲（10）。

(13) ワースレイ, ピーター著、吉田正紀訳（1981）『千年王国と未開社会－メラネシアのカーゴ・カルト運動－』紀伊國屋書店。Lindstorm, Lamont（1993）*Cargo Cult: Strange Stories of Desire from Melanesia and Beyond.* Honolulu: University of Hawaii Press.

(14) カーゴカルトはもっぱらメラネシア社会で起こりました。ポリネシアやミクロネシアでは首長制が発達し、権威（マナ）を持つ人々と平民との生まれながらの格差が自明なものとして社会に存在しました。しかし、メラネシアでは生まれながらの身分格差は存在せず、力と才知のあるもの（ただし男性のみ）がリーダー（ビッグマン）になったので、財物や権威の獲得をめぐり男たちは平等な競争関係にありました。したがって、新たな財物を獲得しようという熱意はより大きかったといえます。

(15) サイード, エドワード・W 著、板垣雄三・杉田英明監修、今沢紀子訳（1986）『オリエンタリズム』平凡社。

(16) 春日直樹編（1999）『オセアニア・オリエンタリズム』世界思想社。

(17) ショイルマン, エーリッヒ著、岡崎照男訳（1981）『パパラギ－はじめて文明を見た南海の酋長ツイアビの演説集－』立風書房。

(18) 前掲（17）、p.53。

(19) 前掲（17）、p.56。

(20) ただし、こうしたサモア流の服装規範がより強く求められるのは、街より村においてであり、また男性より女性に対してです（倉光ミナ子（2005）「「サモア服が好きですか。それとも輸入服が好きですか。」－女子高校生の服装観からみた〈サモアらしさ〉の再構築に関する一考察－」お茶の水地理 45、pp.49-58）。

(21) 山本真鳥（1997）「サモア人のセクシュアリティ論争と文化的自画像」、山下晋司・山本真鳥編『植民地主義と文化－人類学のパースペクティヴ－』所収、新曜社、pp.152-180。

(22) 山本真鳥（2018）『グローバル化する互酬性－拡大するサモア世界と首長制－』弘文堂。

［第 5 章の注］

(1) ハワイは Hawai'i と書きます。より原語に近い表記として「ハワイイ」を採用する人もいます。たとえば、池澤夏樹（2000）『ハワイイ紀行』新潮社。同書は、著者のハワイの旅での様々な出会いが描かれた貴重なエッセイです。

(2) 矢口祐人（2005）『ハワイとフラの歴史物語－踊る東大助教授が教えてくれた－』イカロス出版。

その後、フラは 19 世紀末のカラカウア王時代に一時復興をみるものの、商業主義によって、女性が腰を振るセクシーな踊りとして再編成されていきます。ハワイアン音楽は、ハワイの民俗音楽に、キリスト教の讃美歌や、ウクレレやスチールギターといった欧米的要素が大幅に入り込んだものです（中村とうよう（2010）「ハワイアン・ミュージック」、小林　泉ほか編『新版 オセアニアを知る事典』所収、平凡社、p.247）。

(3) Hawai'i Tourism Authority. Hawai'i Visitor Statistics Released for 2019. Hawaii Visitor Statistics Released for 2019（hawaiitourismauthority.org）

(4) Hawai'i Tourism Authority. Visitor Satisfaction Study Q4 2019. Hawaii Visitor Statistics Released for 2019（hawaiitourismauthority.org）

(5) 山中速人（2004）『ヨーロッパからみた太平洋』山川出版社、pp.67-74。

(6) 山中速人 (2010)「ハワイ―多文化・マルチエスニック社会の相貌―」、熊谷圭知・片山一道編『朝倉世界地理講座 15　オセアニア』所収、朝倉書店、pp.332-349。

(7) 橋本征治 (2010)「農耕と人々―根栽農耕をめぐって―」、熊谷圭知・片山一道編『朝倉世界地理講座 15　オセアニア』所収、朝倉書店、pp.79-97。

(8) トラスク，ハウナニ・ケイ著、松原好次訳 (2002)『大地にしがみつけ―ハワイ先住民女性の訴え―』春風社、p.18。

(9) 前掲 (6)。

(10) 後藤　明 (2013)「ポリネシア人の到来―ハワイの起源を探る―」、山本真鳥・山田　亨編『ハワイを知るための 60 章』所収、明石書店、pp.38-42。

(11) 山本真鳥 (2000)「ポリネシア史」、山本真鳥編『オセアニア史』所収、山川出版社、pp.271-274。ハワイの王や首長層が積極的にキリスト教を受け入れた背景には、西洋人によって持ち込まれた酒や病気によって人口が減少し、社会的混乱が起こっていたことがあります（中山和芳 (1997)「植民地状況におけるキリスト教の役割」、山下晋司・山本真鳥編『植民地主義と文化―人類学のパースペクティヴ―』所収、新曜社、pp.99-126）。

(12) 前掲 (11)、山本 (2000)、p.274。

(13) 前掲 (11)、山本 (2000)、pp.276-277。

(14) 松原好次 (2004)「ハワイ語復権運動の現況」、後藤　明・松原好次・塩谷　亨編『ハワイ研究への招待―フィールドワークから見える新しいハワイ像―』所収、関西学院大学出版会、pp.91-101。

(15) 1875 年には日本とハワイとの間に日布互恵条約が結ばれ、正式な国交が結ばれます。カラカウア王訪日による要請を受けて、1885 年には官約移民が開始され、日本からの移民の数は 1894 年までに 2 万 9 千人を数えました。一方で、移民の増大は、アメリカ本国との間に次第に軋轢を生むことになります。1908 年には日米紳士協定が結ばれ、日系移民への差別の取り締まりと引き換えに、日本からの新たな移民の送り出しが停止されます。1924 年には（排日）移民法が成立し、日本からの移民は完全に排除されることになります。日系人の中でも、沖縄出身者は文化や振る舞いが他の日本人と異なると差別されていたため、いわば二重の差別を受けることになりました。1941 年 12 月、ハワイ（パールハーバー）で太平洋戦争が勃発します。アメリカにとって事前通告なしの奇襲攻撃は、日本人への敵意を増幅させます。それを覆そうと志願した日系人によって編成された 442 連隊は、ヨーロッパ戦線で活躍しました。教育熱心だった日系人は大戦後のハワイで、公務員・教員・弁護士・議員などとして社会進出を遂げていきました。1962 年から上院議員を務めたダニエル・イノウエ、1974 年からハワイ州知事を務めたジョージ・

アリヨシなどが代表的人物です。

(16) リリウオカラニ女王が作った曲として有名なのが「アロハオエ」です。これはもともと愛の歌として作られたようですが、今は別離の悲しみを歌った歌として知られます。そこには祖国を失った女王の悲しみを重ね合わせることもできるかもしれません。前掲（2）、矢口（2005）、pp.22-30。

(17) 山中速人（2013）「楽園を求めて－ハワイ、マスツーリズムの誕生と拡大－」、山本真鳥・山田　亨編『ハワイを知るための60章』所収、明石書店、pp.176-179。

(18) 前掲（14）、p.94。

(19) 中嶋弓子（1993）『ハワイ・さまよえる楽園－民族と国家の衝突－』東京書籍。

(20) バンピーの活動は、以下のサイトで知ることができます。

https://www.lanilanihawaii.com/special/land-of-aloha.html

https://landofaloha.net/

(21) 前掲（8）、pp.13-30。

(22) 前掲（8）、pp.6-7。

(23) 前掲（8）、p.7。

(24) 前掲（8）、p.7。

(25) アーリ，ジョン著、吉原直樹・大沢善信監訳（2003）『場所を消費する』法政大学出版局。

(26) Britton, S. G.（1981）Tourism, dependency and development: a mode of analysis. *Ocasional Paper 23*. Canberra: Development Studies Centre, Australian National University. Cited by Lea, John（1988）*Tourism and Development in the Third World*. London: Routledge.

(27) 前掲（8）、pp.345-349。この論争について詳しく知りたい人は、*Contemporary Pacific* 誌上の、文化人類学者ロジャー・キージングとハウナニ・ケイ・トラスクの下記の論争を参照のこと。Keesing, Roger M.（1989）Creating the Past: Custom and Identity in the Contemporary Pacific. *The Contemporary Pacific* 1（1/2）: 19-42.; Trask, Haunani-Kay（1991）Natives and Anthropologists: The Colonial Struggle. *The Contemporary Pacific* 3（1）: 159-167. Keesing, R. M.（1991）Reply to Trask. *The Contemporary Pacific* 3（1）: 168-171. また、中嶋によるハワイ研究者のリネキンへのインタビューも参照してください。前掲（19）、pp.345-349。

(28) 城田　愛（2004）「オキナワンの踊りと音楽に見るハワイ社会－エスニシティの交差する舞台から－」、後藤　明・松原好次・塩谷　亨編『ハワイ研究への招待－フィールドワークから見える新しいハワイ像－』所収、関西学院大学出版会、pp.249-260。

[第6章の注]

(1) オーストラリアの先住民に対しては「アボリジニ（Aborigines, Aboriginal）」という呼称が一般的ですが、最近では、「indigenous people of Australia」と表現されたり、地域ごとの総称（アデレードであれば「ヌンガ」など）も用いられるようになっています。鎌田真弓（2010）「オーストラリア国家とアボリジニ－土地をめぐる権利回復のプロセス－」、熊谷圭知・片山一道編『朝倉世界地理講座15　オセアニア』所収、朝倉書店、pp.353-365。栗田奈津子（2018）『多文化国家オーストラリアの都市先住民－アイデンティティの支配に対する交渉と抵抗－』明石書店。

(2) YouTubeでこの映像を見ることができます。

(3) 窪田幸子（2010）「アボリジニにとってのオーストラリア－北部オーストラリアを中心に－」、熊谷圭知・片山一道編『朝倉世界地理講座15　オセアニア』所収、朝倉書店、pp.165-180。

(4) ローズ，デボラ・バード著、保苅　実訳（2003）『生命の大地－アボリジニ文化とエコロジー－』平凡社。

(5) 前掲（4）、p.65。

(6) 前掲（4）、pp.68-69。

(7) 保苅　実（2004）『ラディカル・オーラル・ヒストリー－オーストラリア先住民アボリジニの歴史実践－』御茶ノ水書房。

(8) ピーターソン，ニコラス、細川弘明（1992）「白人との遭遇」、小山修三ほか編『オーストラリア・アボリジニ－狩人と精霊の5万年－』（国立民族学博物館特別展図録）所収、pp.30-32。

(9) 前掲（1）、鎌田（2010）、p.354。

(10) 鎌田真弓（2020）「先住民族との「和解」」、関根政美・塩原良和・栗田梨津子・藤田智子編『オーストラリア多文化社会論－移民・難民・先住民族との共生をめざして－』所収、法律文化社、pp.33-48。

(11) ヘンリ，スチュワート（2009）「先住民の歴史と現状」、窪田幸子・野林厚志編『「先住民」とはだれか』所収、世界思想社、pp.16-37。

(12) アイヌの文化と現実を知る本として、次のものを挙げておきます。チカップ恵美子（1991）『風のめぐみ－アイヌ民族の文化と人権－』御茶ノ水書房。萱野　茂（2017）『アイヌ歳時記－二風谷のくらしと心－』筑摩書房。アイヌ民族に関する人権教育の会監修、秋辺日出男ほか著（2017）『イランカラプテ－アイヌ民族を知っていますか－』明石書店。アイヌ民族の歴史について詳しく知るには、榎森進（2015）『アイヌ民族の歴史』（草風館）、アボリジニとの比較を含めてアイヌの権利について論じた本として、テッサ・モーリス＝スズキ、市川守弘著（2020）

184

『アイヌの権利とは何か－新法・象徴空間・東京五輪と先住民族－』（かもがわ出版）があります。テッサ・モーリス＝鈴木著、大川正彦訳（2000）『辺境から眺める－アイヌが経験する近代－』（みすず書房、新装版2022）は、少し難しいかもしれませんが、東北アジア（環オホーツク海域）地域の流動性と異種混淆性からアイヌを描き出した本で、北方領土がロシアと日本という国家のものではなく、もともと先住民たちのものであったことに気づかせてくれます。アイヌ語地名の復権をめぐっては、小野有五・谷川健一・堀　淳一の座談会「アイヌ語地名」（地理44-5、1999、pp.18-43）が参考になります。

(13) 関根政美（2020）「白豪主義オーストラリアの生成と発展」、関根政美ほか編『オーストラリア多文化社会論－移民・難民・先住民族との共生をめざして－』所収、法律文化社、pp.111-127。

(14) 吉田道代（2010）「白豪主義から多文化主義へ－オーストラリア社会の変容とその行方－」、熊谷圭知・片山一道編『朝倉世界地理講座15　オセアニア』所収、朝倉書店、pp.180-193。

(15) グラスビー，アル著、藤森黎子訳（2002）『寛容のレシピ－オーストラリア風多文化主義を召し上がれ－』NTT出版。

(16) 関根政美（2000）『多文化主義社会の到来』朝日新聞社。

(17) 前掲（1）、鎌田（2010）、p.357。

(18) 前掲（3）。

(19) 前掲（10）、p.34。

(20) 前掲（14）。

(21) 窪田幸子（2005）『アボリジニ社会のジェンダー人類学－先住民・女性・社会変化－』世界思想社。

(22) 前掲（1）、栗田（2018）。物語作家でアボリジニ研究者である上橋菜穂子の『隣のアボリジニ－小さな町に暮らす先住民－』（筑摩書房、2010）は、このテーマを生き生きと伝えてくれる書です。

(23) 飯笹佐代子（2020）「庇護希望者と国境管理－ボートピープルをめぐって－」、関根政美ほか編『オーストラリア多文化社会論－移民・難民・先住民族との共生をめざして－』所収、法律文化社、pp.177-192。

(24) 塩原良和（2005）『ネオ・リベラリズムの時代の多文化主義－オーストラリアン・マルチカルチュラリズムの変容－』三元社。

アメリカでは日系アメリカ人は「Japanese American」ですが、日本では在日コリアンや日系ブラジル人は「Korean Japanese」「Brazilian Japanese」とは呼ばれません。そこには移民の出自から生まれる個性を抑圧する同調圧力が働いていて、異種混

洧から生まれる多様性が新しい日本社会を創る可能性を失わせている気がします。

(25) ハージ，ガッサン著、保苅　実・塩原良和訳（2003）『ホワイト・ネイション－ネオ・ナショナリズム批判－』平凡社。

(26) 塩原良和（2010）『変革する多文化主義へ－オーストラリアからの展望－』法政大学出版局。

(27) 前掲（1）、栗田（2018）。

［第7章の注］

(1) 太田陽子（2010）「オセアニアの自然の多様性」、熊谷圭知・片山一道編『朝倉世界地理講座 15　オセアニア』所収、朝倉書店、pp.18-36。

(2) 井田仁康（2010）「景観からみるニュージーランド」、熊谷圭知・片山一道編『朝倉世界地理講座 15　オセアニア』所収、朝倉書店、pp.209-224。

(3) 内藤曉子（2021）「マオリであるということ－自画像と他者像との再検討－」ソシオロジスト（武蔵大学社会学部）23、pp.123-148。

(4) 青柳まち子（2000）「ニュージーランド史」、山本真鳥編『オセアニア史』所収、山川出版社、pp.168-220。

(5) 内藤曉子（2010）「ポリネシア国家への道はるか」、熊谷圭知・片山一道編『朝倉世界地理講座 15　オセアニア』所収、朝倉書店、pp.194-209。

(6) 前掲（4）、p.172。

(7) 前掲（4）、p.175。

(8) 前掲（4）、p.181。

(9) 志賀重昂（1927）「南洋時事」、『志賀重昂全集　第3巻』所収、志賀重昂全集刊行会、原著 1887 年刊。

(10) 前掲（5）、pp.199-200。

(11) 深山直子（2005）「マオリ社会の都市化と都市マオリ集団の形成」、前川啓治・棚橋　訓編『講座世界の先住民族：ファーストピープルズの現在 9　オセアニア』所収、明石書店、pp.132-146。

(12) こうした都市に住むマオリの葛藤を生々しく描いたのが、『かつて私たちは戦士だった（Once We Were Warriors）』（1994 年）という映画です。オークランドに住む女性とその家族が、アル中で DV の夫との間に起こる悲劇と葛藤を乗り越え、最後は故郷＝伝統的なマオリの場所に帰還していくという物語です。

(13) 前掲（5）、p.203。

(14) 前掲（11）、p.137。

(15) 伊藤泰信（2005）「「マオリ個別の知」の発現と伝達－知識社会学的視点から－」、

前川啓治・棚橋　訓編『講座世界の先住民族：ファーストピープルズの現在9　オセアニア』所収、明石書店、pp.147-161.

(16) 伊藤泰信（2007）『先住民の知識人類学－ニュージーランド＝マオリの知と社会に関するエスノグラフィー』世界思想社。

(17) 前掲（16）。伊藤は、マオリの人々が、欧米人研究者に比べ日本人研究者や日本語に親近感を抱いていることも指摘しています。

(18) 吉村　茜「マオリにとってのマオリ語教育の意味－ニュージーランドでのフィールドワークから－」お茶の水女子大学グローバル文化学環 2015 年度卒業研究。

(19) 棚橋　訓（2005）「先住民マオリと移住民ポリネシア人」、前川啓治・棚橋　訓編『講座世界の先住民族：ファーストピープルズの現在9　オセアニア』所収、明石書店、pp.162-175。

(20) 前掲（5）。ニュージーランドでは、国名を「アオテアロア・ニュージーランド」に変えようという運動もあります。「アオテアロア」は、すでにパスポートや紙幣には併記されています。

[第8章の注]

(1) 印東道子（2010）「ミクロネシア－多様性の中で生きる人々－」、熊谷圭知・片山一道編『朝倉世界地理講座 15　オセアニア』所収、朝倉書店、pp.225-236。

(2) 前掲（1）。

(3) 北マリアナ連邦、グアムについては 2020 年国勢調査。それ以外の国々については外務省のデータ（2020 年世界銀行）による。

(4) 須藤健一（2005）「スペインからドイツ統治時代へ－ヨーロッパ諸国における統治の歴史－」、印東道子編『ミクロネシアを知るための 60 章　第 2 版』所収、明石書店、pp.59-62。

(5) 須藤健一（2000）「ミクロネシア史」、山本真鳥編『オセアニア史』所収、山川出版社、pp.314-349。

(6) 平岡昭利（2012）『アホウドリと「帝国」日本の拡大－南洋の島々への進出から侵略へ－』明石書店。平岡昭利（2015）『アホウドリを追った日本人－一攫千金の夢と南洋進出－』岩波書店。

(7) 前掲（5）、p.328。

(8) 前掲（5）、pp.329-332。

(9) 今泉裕美子（2014）「太平洋の「地域」形成と日本－日本の南洋群島統治から考える－」、『岩波講座　日本歴史 20』所収、岩波書店、pp.263-294。

(10) 南洋群島教育會（1938）『南洋群島教育史』南洋群島教育會。

(11)　前掲（5）。ただし、こうした規律が最初から島民の了供たちに受け入れられた
わけではありません。公学校創立当時は、南洋庁のお膝元のコロールの小学校で
も出席率が悪く、自分の好きな唱歌や体操の授業だけに出席し、算術や農業の時
間には教室から逃げて、海岸などで遊ぶ生徒が多くいました（前掲（10）、p.704）。

(12)　前掲（5）、p.328。

(13)　Peattie, Mark（1988）*Nan'yō: The rise and fall of the Japanese in Micronesia,1885-1945.*
Honolulu: University of Hawaii Press、ピーティー，マーク・R. 著、我部政明訳（1992）
「日本植民地支配下のミクロネシア」、大江志乃夫ほか編『植民地帝国日本』（岩波
講座「近代日本と植民地」1）所収、岩波書店、pp.189-213。

(14)　熊谷圭知（2018）「日本統治がパラオにもたらしたもの－二人の女性の語りか
ら－」地理 63-10、pp.86-93。

(15)　前掲（13）、Peattie（1988）、pp.93-95。

(16)　モデググイ運動は、カトリックとパラオの伝統的なシャーマニズムが結びつい
た宗教運動でしたが、日本警察により抑圧されました。紺屋あかり（2015）「パラ
オ社会とキリスト教」境界研究 5、pp.131-151。

(17)　前掲（13）、Peattie（1988）、p.78。

(18)　風間計博（2013）「バナバ人とは誰か－強制移住の記憶と怒りの集合的表出－」
コンタクトゾーン 6（2013）、pp.80-81。 http://hdl.handle.net/2433/198485

(19)　斉藤達雄（1994）「核と太平洋－大国の横暴－」、熊谷圭知・塩田光喜編『マタ
ンギ・パシフィカ－太平洋島嶼国の政治・社会変動－』所収、アジア経済研究所、
pp.343-376。

(20)　松島泰勝（2007）『ミクロネシア－小さな島々の自立への挑戦－』早稲田大学
出版部。

(21)　Bertram, I. G. and Watters, R. F.（1985）The MIRAB economy in the South Pacific
microstates. *Pacific Viewpoint* 26(3): 497-519.

(22)　パラオ憲法第 13 条第 6 項には、「戦争での使用を目的とした核兵器、化学兵器
…さらに原子力発電所及びそこから生じる廃棄物などの有害物質は、パラオの司
法権が行使される領域内で使用、実験、貯蔵、処分してはならない」とあります。
そこには，第二次世界大戦の戦禍と戦後のマーシャル諸島などでの核実験の被害
に対するパラオの人々の意思が反映されています.

(23)　ロング，ダニエル・斎藤敬太・Tmodrang, Masaharu（2015）「パラオ語で使われ
ている日本語起源借用語」人文学報 503、pp.61-84。

(24)　紺屋あかり（2018）「パラオの伝統文化とシューカン」地理 63-12、pp.70-75。

(25)　荒井利子（2015）『日本を愛した植民地－南洋パラオの真実－』新潮社。ただ

し同書全体を読めば、必ずしも日本支配の肯定的側面だけが描かれているわけではなく、タイトルには出版社の営業政策も含まれている印象を受けます。また日本の南洋統治をちがうトーンで描いた作品として、下記の書もお薦めします。寺尾沙穂（2015）『南洋と私』リトルモア（中公文庫として再版、2019）、寺尾沙穂（2017）『あのころのパラオを探して－日本統治下の南洋を生きた人々－』集英社。

(26) 1980年に制定されたパラオ国旗は、黄金に輝く満月が青空を背景に浮かび上がる図案です。満月は暖かさと静寂さ平和、そして国内の統一を、青い背景は、長きにわたった外国の権威がついに自分たちの土地から去ったことを象徴しています（倉田洋二・三田　貴（2003）「パラオ共和国各州の概要と州旗」、須藤健一監修、倉田洋二・稲本　博編『パラオ共和国－過去と現在そして21世紀へ－』所収、おりじん書房、p.714）。

(27) ノラさんとテルコさんには2018年と2019年の2回、フミコさんには2019年に話を聞きました（前掲（14）、吉川絢子・川越桂華・熊谷圭知（2022）「パラオから見た日本、日本から見たパラオ－日本統治時代を生きたパラオ女性と移住日本人女性の語りから－」お茶の水地理61、pp.21-30）。

(28) パラオのバベルダオブ島のガラスマオのボーキサイト鉱山で、沖縄人と「島民」との異種混淆の文化が生まれていたという興味深い報告もあります（飯高伸五（2009）「経済開発をめぐる「島民」と「日本人」の関係－日本統治下パラオにおける鉱山採掘の現場から－」、吉岡正徳監修、遠藤　央ほか編『オセアニア学』所収、京都大学学術出版会、pp.345-359）。

(29) 日本の植民地支配が今も桎梏となっている韓国などに比べ、パラオの人々が日本の植民地統治に好意的なのはなぜでしょうか。長い歴史を持つ国民国家が奪われ、文化が否定されたという屈辱を味わった韓国に対し、パラオやミクロネシアは、首長を中心とする親族を基盤とした小規模な社会で、島を越えた統一権力が存在せず、植民地から植民地へと移行しました。

　パラオで生活した日本人の中には、1929〜42年の長期にわたって、ミクロネシアで地元の人と同じ振る舞いや視線で民俗を聞き取り、絵や彫刻を残した土方久功のような人物もいます。文学者の中島　敦も、1年だけですが南洋庁に務め、対等な視線でパラオ人を描いています。

　主体としてのパラオ社会の特徴についていえば、日系人が多く存在し（ミクロネシア連邦では20%、パラオ10〜15%）、各国の大統領を務めるなど活躍してきたことが挙げられます。そこにはミクロネシアの多くが母系制社会であり、父親の血筋によらず受け入れられやすかったことも理由になっています（山口洋兒・印東道子（2005）「ミクロネシアの日系人」、印東道子編『ミクロネシアを知るた

めの 60 章　第 2 版』所収、明石書店、pp.192-196)。

(30) Bedor, J. Roman （2015）*Palau: From the Colonial Outpost to Independent Nation.* Korol.

(31) 前掲（30）、pp. iv - vii.

(32) 前掲（30）、pp. viii- xvi.

(33) 前掲（30）、pp. xi.

(34) 前掲（30）、pp. xvii.

(35) 前掲（14）、pp.92-93。

［第 9 章の注］

(1) 岩本洋光（2010）「パプアニューギニアの人々の戦争体験」、熊谷圭知・片山一道編『朝倉世界地理講座 15　オセアニア』所収、朝倉書店、pp.448-459。

(2) 飯田　進（1997）『魂鎮めへの道－無意味な死から問う戦争責任－』不二出版。

(3) 飯田　進（2008）『地獄の日本兵－ニューギニア戦線の真相－』新潮社。

(4) 『水木しげるのラバウル戦記』（筑摩書房、1994 年）は、ニューギニアの住民との交流を伝えてくれる貴重な作品です。彼はニューブリテン島の戦闘で片腕を失いますが、村人と仲良くなり、日本に帰らず現地除隊することまで考えます。その後もニューギニアを何度も訪ねています。

(5) 前掲（1）。

(6) 菊澤律子（2010）「言葉と人々」、熊谷圭知・片山一道編『朝倉世界地理講座 15　オセアニア』所収、朝倉書店、pp.97-113。

(7) 以下で述べる植民地政府との接触の過程については、フィールドワークでの聞き取りのほか、公文書館などに保存されている、巡視官が残した巡視記録（パトロールレポート）に依拠しています。また、ミアンミンの人々の研究書として、次のものも参考にしています。Morren, George E. B. Jr. （1986）*The Miyanmin: Human Ecology of a Papua New Guinea Society.* Ann Arbor: UMI Research Press.

(8) 私は、2001 年に、数日間だけホットミン村を再訪する機会を得ました。驚いたのは、毎日のように飛行機がやってきて、村人がお金を払って乗っていくことでした。近くで鉱山開発を行う企業から無線機が供与され、周辺の森で白檀が発見され、それが結構な値段で売れたことが、村を一時的に豊かにしていました。村人の服装も家もきれいになり、船外機やガソリンなども手に入れていました。しかし、白檀を採り尽くしてしまえば、収入は途絶えます。ホットミンの人々が思いがけず手にした「開発」は、残念ながら持続的なものとはいえないのです。

190

[第10章の注]

(1) 第三世界都市のスラムやスクォッター集落の実態をリアルに伝えてくれる本と
しては、ちょっと古いですが、伊勢崎賢治（1987）『インドスラム・レポート』（明
石書店）、中西　徹（1991）『スラムの経済学』（東京大学出版会）などがあります。

(2) 露天商を含むインフォーマル・セクターで生きる人々の生活誌としては、アリ
ソン・マレー著、熊谷圭知・内藤　耕・葉　偉瑋訳（1994）『ノーマネー・ノー
ハネー－ジャカルタの女露天商と売春婦たち－』（木犀社）、遠藤　環（2011）『都
市を生きる人々－バンコク・都市下層民のリスク対応－』（京都大学学術出版会）
などがお薦めです。

(3) 海岸部に住み漁業を営むモツと、農耕民であるコイタの人々は、現在では通婚
で混淆し、「モツ＝コイタ」という一つの集団になっています。モツの人々は、土
器の壷を作り、現在のセントラル州からガルフ州に至る広範囲の村々からサゴ澱
粉を得る、広範囲の交易（ヒリ）関係を結んでいました。このため交易言語とし
て簡略化されたモツ語（ヒリモツ）がこの地域の共通語になっています。

(4) 外国人向けに植民地政府が建設した一戸建て住宅の床面積は 100 ㎡以上ですが、
パプアニューギニア人向けの住宅は 50 ㎡前後と狭く、設備にもかなりの差があり
ます。

(5) 慣習法的共有地の地権者にとっては、土地の売買は馴染みがなく、政府に土地
を不当に奪われたという不満が存在します。また、海岸部の住民にとって、高地
からの移住者の定住を促すようなセトルメントへのサービス供給には抵抗がある
ようです。

(6) 私が修士論文で調査したセトルメントは、ラヌグリ、タライ、ラガムガの 3 つです。
　　ラヌグリは、首都に近いガルフ州ケレマ出身者の集落で、タウンの北隣、植民
地時代の行政中心だったコネドブ地区の背後の丘陵斜面に位置します。集落の半
分が政府有地、半分がモツ＝コイタの人々の慣習法的共有地で、前者は政府の融資
を受け近代的住宅に建て替えられていました。女性と子供が多く、村がそのまま
移ってきたような印象でした。住民は早くから首都に出て来ている有利さもあり、
成年男子の 3 分の 2 がフォーマルな職を得て、出身村とも頻繁に往来し、比較的
安定した生活を送っていました。
　　タライは、庶民の商業地区であるコキ / バディリの北西に位置します。3 つの異
なる出身者の集落が混在していましたが、その中でモロベ州出身者はフォーマル
な雇用を得て、一般住宅と遜色ない近代的な住宅を建てていました。住民は、こ
の場所を定住先として選び取り、地権者に地代を払っていました。
　　ラガムガは、チンブー州グミニ郡出身者のセトルメントで、シックスマイルの

市の大きなゴミ捨て場の奥に立地しています。住宅は廃物を寄せ集めて造られた
ものが多く、その規模も上記の2集落に比べ小規模でした。窓はあっても小さく、
通風が悪いため、日中の室内は耐え難いほど暑くなります。住民は当時、単身の
男がほとんどでした。集落内には当時水道がなく、丘を越えた高校の屋外水道栓
まで水汲みに往復していました。

(7) 婚資は昔は豚と装身具だけで足りたのですが、最近では多額の現金も必要です。
相場も、1990年代当時で数十万円から百万円くらいまでに値上がりしていました。

(8) 本書では未開の人々を連想させる「部族」という言葉は原則として使いませんが、
「部族紛争」(tribal fight) という言葉は現地で常用されています。紛争の単位は様々
ですが、言語集団より小さなクラン(氏族：同じ祖先をもつと信じる人々の集団)
やリネージ(出自を辿れる人々の集団：親戚)くらいのことが多いようです。

(9) たとえば、車に同乗していて死亡した男の部族と運転者の部族との間に賠償金
の折り合いがつかず、戦争になるなどの例があります。

(10) 賠償金のレートも、一人数千キナ(数十万円)から数万キナ(数百万円)単位
にまで上昇しています。また驚くのは、村の日常の中で、紛争に対し現金の支払
いが要求される例が多いことです。私が村裁判で見聞した中では、溺れた子供を
助けた2人の若者がその父親に報酬を要求して訴えたのに対し、父親に30キナ(3
千円)ずつ払えという判決がありました。

　　平坦な土地が少ないチンブー州では、換金作物としてのコーヒー栽培の収入は
それほど多額のものではないため、婚資や賠償金の支払いには都市からの現金の
還流が不可欠です。つまり、村の日常生活の貨幣化は、親族や集団、また村と都
市との紐帯を弱めるのではなく、逆に強める方向に作用していると言えます。

(11) 週末は、公には酒の販売は禁じられています。

(12) 石森大知 (2010)「カヴァとビンロウジ─オセアニアの二大嗜好品─」、熊谷圭知・
片山一道編『朝倉世界地理講座15　オセアニア』所収、朝倉書店、pp.278-279。

(13) Theodore, Levantis (2000) Crime catastrophe: reviewing Papua New Guinea's most
serious social and economic problem. *Pacific Economic Bulletin* 15 (2) : 130-142.

［第11章の注］

(1) 地元のカプリマンの人々は、川をハルマリオ、湖をセレックとオロップという
名で呼びます。

(2) 野中健一 (2007)『虫食む人々の暮らし』NHK出版。野中健一 (2008)『昆虫食
先進国ニッポン』亜紀書房。野中さんは、クラインビット村にも何度も来ています。
最近昆虫食は、ちょっとしたブームで、食料危機への解決策のように語られるこ

192

ともあります。しかし、ブラックウォーターの人々を含め、昆虫食とは、決して
ほかに食べるものがないから仕方なく食べているのではなく、「好きだから」「美
味しいから」食べていることがわかります。昆虫食は究極のローカル・フードで
もあります。昆虫の養殖は餌代の方が高くついてしまうので、その土地に行かな
ければ食べられませんし、その地域固有の文化と結びついているからです。逆に
私たちが都市の暮らしをすると、必然的に昆虫食から遠ざかってしまうので、昆
虫食への偏見も生まれることになります。

(3) McCarthy, J. K.（1963）*Patrol into Yesterday: My New Guinea Years*. Melbourne: F. W.
Cheshire.

(4) Townsend, G. W. L.（1968）*District Officer: From Untamed New Guinea to Lake of
Success, 1941-46*. Sydney: Pacific Publications.

(5) この出来事の仔細については、クラインビット村に駐留していた故斎藤宗寿氏
からの聞き取りによっています。斎藤氏は戦争時見習い軍医士官で、クラインビッ
ト村で3カ月ほど過ごし、1973年に、自分の命を助けてくれた村を再訪していま
す。私がクラインビット村に最初に滞在した時、村人から「お前はこの村に来た
最初の日本人ではない」と言われ、斎藤氏が置いていった名刺を見せられました。
その名刺を頼りに、斎藤氏に会い、当時の貴重な話を聞くことができました。斎
藤氏の著書『わたしのニューギニア』（天望画廊、1999）は、村人と同じ目の高さ
で交流を描いているだけでなく、戦争という行為の虚しさと日本軍への不信を率
直に語ったエッセイです。

(6) そのほか日本兵が「ハウスカミサマ」を作り、そこにお参りしてから魚を獲り
に行くとたくさん獲れたなどという話も聞きました。ただし、すべての村でこの
ような人間的な関係が築かれていたわけではありません。グベマス湖に面する村
を私が訪ねた時には、日本兵が自分の父を殺したこと、精霊堂を燃やしてしまっ
たことなどを告げられ、賠償請求の手紙をもらったこともあります。日本軍の行
動はおそらく小隊レベルくらいの下士官の態度や価値観によって差があり、村人
の体験も大きく異なったと推測されます。

[第12章の注]

(1) このテーマについては、*E-journal Geo* 8(1) の「フィールドワークと地理的知の還元」
特集（2013年）を参考にして下さい。https://www.jstage.jst.go.jp/browse/ejgeo/8/1/_
contents/-char/ja/

(2) 宮本常一・安渓遊地（2008）『調査されるという迷惑―フィールドに出る前に読
んでおく本―』みずのわ出版。

(3) 宇田川妙子・中谷文美編（2007）『ジェンダー人類学を読む』世界思想社。北村　文（2013）「フェミニスト・エスノグラフィー」、藤田結子・北村　文編『現代エスノグラフィー－新しいフィールドワークの理論と実践－』所収、新曜社、pp.62-67。

(4) Wolf, Diane L. ed.（1996）*Feminist Dilemmas in Fieldwork*. Boalder: Westview.

(5) 中谷文美（2001）「〈文化〉？〈女〉？－民族誌をめぐる本質主義と構築主義－」、上野千鶴子編『構築主義とは何か』所収、勁草書房、pp.109-137。

(6) 熊谷圭知（2013）「参与観察」、人文地理学会編『人文地理学事典』所収、丸善出版、pp.132-133。

(7) 男の収入がそのまま家族に渡らないもう一つの理由は、村との交際費が必要だからでもあります。村の親戚の婚資や賠償金の支払いなどに貢献が求められます。

(8) パプアニューギニアには言論の自由があり、政府の批判も許されています。ただし、バランスをとるためでしょう、英文紙の掲載記事には、私の主張の後に、セトルメントの拡大に批判的な国会議員キャロル・キドゥ氏の見解が加えられていました。

(9) 住民が環境改善に熱心になれなかったのは、居住権が不安定で都市に住み続けられる保証がなく、いずれは村に帰るという思いがあったからです。そのため、自分の地位を確保するためにも、結婚や葬儀など村の出来事に金を送る形で貢献する必要がありました。

(10) 私は、若手の住民員会メンバーと協働して、ラガムガ集落の悉皆調査を行ないました。その結果、住民の雇用が男性は警備員や清掃人などフォーマル部門の最底辺の職に偏り、女性が露天商などインフォーマル部門の職に従事していることがわかりました。恒常的な地代支払いのために必要な住民の所得向上のため、JICAの開発福祉支援事業を申請し、それを担う地元のNGOを選び出して住民に紹介するところまで行なって、私の任期が終了しました。

(11) ラガムガ・セトルメントの住民たちは、もともと近隣に住む地権者に不定期に地代支払いを行なっていたのですが、パイロットプロジェクトの公表を受けて、まったく別の地権者が名乗りを上げました。首都庁はそのどちらが正当な地権者なのか裁定を下すことができず、ラガムガを対象とするプロジェクトは凍結されることになりました。また、この経緯への不満から、住民委員会とJICAの間にもトラブルが生じ、ラガムガ集落はJICAのコミュニティ開発プロジェクトからも外れてしまうことになりました。

(12) 全文（原語はトク・ピシン）は次のようなものです。

1) わたしたちクラインビット村の村人たちは、村に「よい変化」が起こることを

194

望んでいる。それはすなわち、わたしたちが「開発」を起こすことである。2）この「よい変化」すなわち「開発」は、単にお金や物だけに関わるのではない。そうではなく、まずこの変化は、わたしたち自身の心の中に生まれなければならない。3）このわたしたちの心の中の変化は、わたしたちのよい考えとよい行ないと結びつくものでなければならない。4）だから、わたしたちは村のほかの人たちや、町の人たちに対して、不平不満を主張したり、妬んだりしてはいけない。こうした考えや行動はわたしたちの中に生まれたよい変化を損なってしまう。これは、クラインビット村ではあってはならない。5）わたしたちは、このよい変化、すなわち開発は、他の人たちや他の場所の真似をするだけでは得られないと考える。そうではない。どんなことがわれわれクラインビット村にとって本当によいことなのか、わたしたち自身が、しっかり話し合い、考えるのだ。そしてどんなことをわたしたち自身がなしうるのかを。6）わたしたちは、よい変化、開発というものは、おねだりしたり、ただ待っているだけでは絶対に得られないと考える。わたしたちは、自分たち自身ができることを、まず始めるしかない。これこそが、わたしたち自身が「独立」するということなのだ。7）わたしたちは、よい変化、開発というものは、今だけのものであってはならないと考える。わたしたちは、子供たちが大きくなった後のことまでよく考えねばならない。よい変化、開発というものは、長く残って、子供たちも喜ぶようなものでなければならならない。8）わたしたちは、よい変化、開発を実現するためには、わたしたちが心をひとつにして力をあわせなければならないと信じる。もしわたしたちが心をひとつにして、一生懸命働くなら、よい変化、開発は、わたしたちの村とともに、わたしたちの心の中にも生まれるに違いない。

　この「憲法」は村長をはじめ、村の男たちの理解と支持を得ました。

(13) 池口明子氏は、野中科研チームのメンバーでもあり、それまでに何度かクラインビット村を訪れていました。自らの授業の一コマ「河川生態系への環境適応」の撮影場所として、クラインビット村を選び、3人の撮影メンバーが同行しました。

(14) 瘢痕文身儀礼は、かつてはセピック川流域で広く行なわれていましたが、キリスト教の布教により多くの地域で禁止されました。ブラックウォーターでこの儀礼が残ったのは、伝統的慣習に寛容なカトリックがこの地で布教したためです。ナンソトの意味は3つあります。第1に、若者が母親から受け継いだ血を流す（外に出す）ことで男になる。執刀の時に母方の叔父や従兄弟が抱きかかえて、その血を浴びることも、これに関わります。第2に、この苛酷な儀礼を乗り越えることで、初めて強い男になる。そして第3に、ワニという人に懐かない猛々しい動物の模様を身体に刻むことで男になる。いずれも人々にとって「男になる」とい

う観念がどういうものなのかを示しています。

［第13章の注］

(1)「風土」を日本の灌漑農業と生産関係の特質から論じた玉城と旗手は、「風土とは、継続的な人間の自然への働きかけによって特殊化した自然であると同時に、この特殊化した自然を自己の内部にとりこんだ人間たちの資質、社会関係、文化など人間の地域生活の総体」と定義しています。玉城　哲・旗手　勲（1974）『風土－大地と人間の歴史－』平凡社、p.23。1930年代に「風土」を論じた地理学者として三沢勝衛（1885-1937）がいます。彼は、地表面に形成される地域の個性を風土性と捉え、その臨地研究と地理教育に力を注いでいます。三沢勝衛著作集（2008～2009）『風土の発見と創造』全4巻、農文協。

(2) http://www.thefreedictionary.com/environment

(3) 和辻哲郎の『風土』（後述）の英訳はclimateです。climateには性向や気質といった意味もあります。『風土の日本』（後述）を著したオギュスタン・ベルクはもともとフランス語起源のmilieuという語を用いています。

(4) この本が日本で最初に紹介されたのは1964年ですが、その時の翻訳書のタイトルは『生と死の妙薬－自然均衡の破壊者〈化学薬品〉－』（青樹築一訳、新潮社）でした。この奇妙な訳語は、その当時の日本社会に農薬や殺虫剤がもたらす害毒への認識が一般化していなかったことを反映しています。現在、同じ訳者で『沈黙の春』のタイトルで新装版が出されていますので、ぜひ一読してください。カーソン，レイチェル著、青樹築一訳（2001）『沈黙の春』新潮社。

(5) このテーマについて、日本での画期をなした書として、庄司　薫・宮本憲一（1964）『恐るべき公害』（岩波書店）があります。

(6) メドウズ，ドネラ著、大来佐武郎監訳（1972）『成長の限界』ダイヤモンド社。

(7) 佐藤　仁（1998）「豊かな森と貧しい人々－タイ中西部における熱帯林保護と地域住民－」、川田順造編『地球の環境と開発』（岩波講座「開発と文化」第5巻）所収、岩波書店、pp.195-217。佐藤　仁（2002）『稀少資源のポリティクス－タイ農村にみる開発と環境のはざま－』東京大学出版会。

(8) Second Nature: Building Forests in West Africa's Savannas.（video based on the research by Melissa Leach and James Fairhead），1996, Cyrus Productions. このビデオは、You Tubeで視聴可能です。https://www.youtube.com/watch?v=TgsRnGmI3UU

(9) Yamane, Hiroya *et al.*（2007）Atoll island vulnerability to flooding and inundation revealed by historical reconstruction: Fongafale Islet, Funafuti Atoll, Tuvalu. *Global and Planetary Change* 57 (3-4) : 407-414. 石　弘之（2021）「「温暖化で沈む国」は本当か？

ツバルの意外な内情」東洋経済オンライン 2021.7.27（toyokeizai.net）。

(10) 近年、環境倫理学の立場からも「風土」への注目がなされています。亀山純生監修、増田敬祐編（2020）『風土的環境倫理と現代社会－〈環境〉を生きる人間存在のあり方を問う－』農林統計出版。

(11) 和辻哲郎（1979）『風土－人間学的考察－』岩波文庫。『風土』（岩波書店）が最初に刊行されたのは 1935（昭和 10）年のことですが、初稿の多くはドイツ留学直後の 1928 〜 29 年にかけて書かれています。

(12) 前掲（11）、p.3。

(13) 前掲（11）、p.9。

(14) 前掲（11）、pp.10-13。

(15) 前掲（11）、pp.18-28。この言明には、日本で支配的だったマルクス主義史観への対抗意識が含まれていると感じます。

(16) これは、和辻自身の船旅体験で得た実感によっています（前掲（11）、pp.29-30）。

(17) 前掲（11）、pp.29-37。

(18) 前掲（11）、p.36-37。

(19) 前掲（11）、pp.51-74。

(20) 前掲（11）、p.59。

(21) 前掲（11）、pp.74-144。

(22) 前掲（11）、p.96。

(23) 和辻は、シナ（中国）を、モンスーン的要素（揚子江地方）と沙漠的要素（黄河地方）の結合として描いています。その特徴は、自然の単調・空漠さであり、それに耐え得る、意思の持続・感情の放擲、したがってまた伝統への固執（歴史感覚の旺盛さ）です（前掲（11）、p.148）。和辻は、こうした中国の風土がもたらす人間類型として「無感動性」という言葉を用いています。その実例として彼が挙げるのは、1927（昭和 2）年に彼自身が上海で観察した、危機が迫る中で国家に守られない庶民が無感動の態度を取っていたことです（前掲（11）、pp.150-160）。しかしそれは、当時の中国が欧米列強と日本の植民地支配を甘受させられていたという時代背景の産物です。当時の中国の状況（そこには日本も深く関与していた）を看過し、表面的な観察に基づく特質を本質化してしまう和辻の姿勢には問題を感じずにはいられません。また、中国文化の衰退を嘆き、最後に「シナは復活しなくてはならぬ」と語る和辻の、上から目線の筆致は、明らかに当時の日本の、中国を劣位に見るまなざしを反映しています。

(24) 前掲（11）、pp.164-166。

(25) 前掲（11）、pp.170‑185。後半での和辻の立論はかなり強引で，はじめに結論ありきという印象を受けます。

(26) ベルク，オギュスタン著、宮原　信訳（1985）『空間の日本文化』筑摩書房（ちくま学芸文庫として再版、1994）。

(27) ベルク，オギュスタン著、篠田勝英訳（1990）『日本の風景・西欧の景観－そして造景の時代－』講談社。

(28) ベルク,オギュスタン著、篠田勝英訳（1988）『風土の日本－自然と文化の通態－』筑摩書房（ちくま学芸文庫として再版、1992）。以下では、読者が入手しやすい、文庫本のページ数を示しておきます。

(29) 前掲（28）、pp.21-68。

(30) 前掲（28）、p.36。

(31) 前掲（28）、p.65。

(32) 前掲（28）、pp.33-36。

(33) 前掲（28）、pp.76-89。

(34) 前掲（28）、p.87。「奥」の思想については、槇　文彦ほか（1980）『見えがくれする都市』（鹿島出版会）が、いろいろなことを教えてくれます。

(35) 前掲（28）、pp.213-219。江戸の都市空間の作られ方については、下記の書もぜひ参照してください。陣内秀信（1985）『東京の空間人類学』筑摩書房。鈴木理生（1988）『江戸の都市計画』三省堂。

(36) 前掲（28）、pp.151-152。

(37) 前掲（28）、pp.183-185。

(38) 前掲（28）、pp.267-272。

(39) 前掲（28）、pp.360-361。

(40) 前掲（28）、pp.362。

［第14章の注］

(1) 2020年3月13日に、水俣病被害者互助会の裁判が福岡高裁で結審し、原告の敗訴に終わりました。母親の胎内で水俣病に感染した胎児性水俣病患者の人たちは、今では60歳を超えています。水俣病は今も終わっていません。

(2) 患者の症状は、求心性視野狭さく、運動失調（言語障害、歩行障害等を含む）、難聴及び知覚障害、などです。胎児性水俣病においては、知能発育障害、言語発育障害、そしゃく嚥下障害、運動機能障害、流涎等の脳性小児マヒ様の症状が現れます。

(3) 水俣病資料館 07situmonn_kannzya.pdf（minamata195651.jp）

(4) 水俣病センター相思社　水俣病関連詳細年表 https://www.soshisha.org/jp/about_md/
　　chronological_table

(5)「漁民暴動」という呼称は、マスメディアや被害を受けたチッソからの呼び名です。
　　漁業被害への補償や浄化装置完成までの操業中止を訴えた切実で真っ当な漁民の
　　要求に対し、交渉を拒否したチッソの態度に怒った漁民たちの抗議行動が一方的
　　な暴力とみなされ、すでに多数の死者を出していた水俣病の原因を作った企業側
　　の責任が問われないのは、第1章で記述したテロリズムと国家の関係に重なり合
　　う気がします。

(6)「安定賃金闘争」の略。賃上げをめぐる闘争から発展して、分裂した労働組合（第
　　一組合）の中には水俣病患者との連帯も生まれました。

(7) 石牟礼道子（1969）『苦海浄土—わが水俣病−』講談社。

(8) 前掲（7）、p.181。

(9) 前掲（7）、pp.181-183。

(10)「水俣病患者をどう見ているか−複数の匿名市民−」、「私にとっての水俣病」
　　編集委員会編（2000）『水俣市民は水俣病にどう向き合ったか』所収、葦書房、
　　pp.39-53。

(11) 前述の爺さまは、次のようにも語っています。「会社が出けるときけば喜うで、
　　そりゃあよかこつ。会社が出くれば、ここらあたりもみやこになるにちがいなか。
　　会社も地も持たんじゃったばっかりに、天草あたりは昔は唐天竺までも出かけて
　　生まれた村にももどりつけずそこで死んで」（前掲（7）、pp.184-185）。天草地方か
　　らは、戦前に東南アジアへの出稼ぎ（身売りされた）女性が多く輩出し、「からゆ
　　きさん」と呼ばれました。これについては、下記の書を参照してください。山崎
　　朋子（2008）『新装版　サンダカン八番娼館』文藝春秋社。森崎和江（2016）『か
　　らゆきさん−異国に売られた少女たち−』朝日新聞出版。

(12) 石牟礼道子（2006）『苦海浄土第二部　神々の村』藤原書店、p.392。

(13) 前掲（12）、pp.64-67。

(14) たとえば冒頭で、作者と胎児性水俣病患者の山中久平少年とが出会う情景は
　　こんな風に描かれます。「一昨年の夏を過ぎたある日の午後を私はまた思い出す。
　　1963年の秋を。子どもたちはもうすっかり海からあがり、湯堂の赤土の坂道には
　　秋の影が低くさし、野花がこぼれ、青い蜜柑の匂いが漂っていて、海からも家々
　　からも、何の物音もきこえなかった…」「九平少年は、両手で棒きれを持っていた。
　　彼の足と腰はいつも安定を欠き、立っているにしろ、かがもうとするにしろ、あ
　　の、へっぴり腰ないし、および腰、という外見上の姿をとっていた。そのような
　　腰つきは、少年の年齢にははなはだ不相応で、その後姿、下半身をなにげなく見

るとしたら、彼は老人にさえ見えかねないのである。少年の生まれつきや、意志に，その姿は相反していた。近寄ってみればその頸すじはこの年頃の少年が持っているあの匂わしさを持っていて、青年期に入りかけている肩つきは水俣病にさえかからねば、伸びざかりの漁村の少年に育っていたにちがいなかった。彼はちびた下駄をはいていた。下駄をはくということは、彼にとってひとかどの労働であることを私は知っていた。」久平少年は目が見えないのですが、野球が好きで（しかし皆で野球をやることはかなわず）一人で石ころを投げ上げ、棒切れを振り、汗をかきながら野球のけいこをしています。久平の不自由な身体とその動きが、村の風景とその静けさとの対照の中で描かれます。久平は熊本大学の医師たちが診察する場所に頑として行くことを拒んでいます。それは「行けば殺さるる」からです。水俣病を発症した身近な人たちが、病院に行ったまま帰ってこないことを彼は知っているのです。前掲（7）、pp.9-25。

(15) 石牟礼道子さんが招き入れた不知火海総合調査団（団長は歴史学者の色川大吉。メンバーは、社会学者の鶴見和子・宗像　巖、中国経済論の小島麗逸、政治学者の石田　雄、生物学者で東大全共闘の活動家でもあった最首　悟ら、学際的で多彩な構成）の共同研究からは、都会と地方（水俣）だけでなく、研究者と民衆という異なる風土の出会いによる成果と葛藤が伝わってきます。色川大吉編（1983）『水俣の啓示』上・下、筑摩書房。

(16) 藤崎童士（2013）『のさり－水俣漁師、杉本家の記憶より－』新日本出版社。

(17) 杉本栄子「水俣の海に生きる」、栗原　彬編『証言　水俣病』所収、岩波書店、pp.129-146。

(18) 前掲（17）、pp.140-141。

(19) 前掲（17）、pp.142。

(20) 前掲（17）、pp.145。

(21) 前掲（17）、p.146。皆さんが水俣を訪ねる時、その入り口としてお薦めしたいのが、水俣病センター相思社です（一般財団法人水俣病センター相思社－水俣病を繰り返さない世の中をつくるために（soshisha.org））。長年水俣病患者の支援活動をしてきた団体です。機関紙「ごんずい」を刊行し、水俣病歴史考証館もあり、まち案内なども行なっています。

(22) 「もやう」には、船を繋ぐ（舫う）という意味と、共同して事にあたる（催合）という意味があります（吉本哲郎（1995）『私の地元学－水俣からの発信－』NECクリエイティブ、p.130）。

(23) 吉本哲郎さんの活動についての本書の記述の多くは、筆者自身による聞き取り、およびお茶の水女子大学で熊谷が担当した「地域開発論」のゲスト講師としての

吉本さんの講演録によっています。地元学の考え方については、下記の文献を参照してください。前掲（18）、吉本（1995）。吉本哲郎（2001）「風に聞け、土に着け－風と土の地元学－」、『地域から変わる日本－地元学とは何か－』現代農業5月増刊号、pp.190-255。吉本哲郎（2008）『地元学をはじめよう』岩波書店。

(24) 前掲（16）、pp.258-261。

(25) 前掲（23）、吉本（2001）、p.191。

(26) 前掲（23）、吉本（2001）、pp.208-217。

(27) 地元学の活動は、水俣だけでなく、仙台の結城冨美男さんをはじめ各地に存在し、連携しています（結城冨美男（2009）『地元学からの出発』農山漁村文化協会）。次章で取り上げる岩手県陸前高田市でも、八木澤商店会長の河野和義さんなどが、吉本さんとつながって活動しています。

[第15章の注]

(1) 陸前高田市「陸前高田市東日本大震災検証報告書」2014年7月。陸前高田市役所 HP ◎本編 _final.xbd (city.rikuzentakata.iwate.jp)

(2) 2011年3月11日には、私はパプアニューギニアのクラインビット村にいました。ラジオを聞いた村人が、何か日本で起こったらしい、水が出たというのですが、何だかわかりませんでした。翌日予定通り村を出て、携帯電話のつながるところまで行き、家族に連絡を取って初めて地震と津波があったことを知りました。

(3) 実習は2019年度まで続き、別の地域を訪ねた2018年度を除いて、毎年報告書を作成しました。各年度のタイトルは、次の通りです。2011年度『地域を越えて復興を考える』、2013年度『被災地の復興に果たす外部者の役割』、2014年度『震災の記憶を語り継ぎ、今、陸前高田から考える』、2015年度『被災地復興における「コミュニティ」の役割』、2016年度『被災地の未来、わたしたちの未来』、2017年度『「共に創る」陸前高田の未来』、2019年度『私たちが陸前高田から受け取ったもの』。

(4) このテーマを描いた作品として、陸前高田に住みながら聴き取り・撮影した小森はるか・瀬尾夏美のコラボによる映像テキスト「波のした、土のうえ」（2014年）、また瀬尾夏美（2017）『二重のまち』（Komori Haruka + Seo Natsumi）をぜひ参照してください。

(5) 陸前高田市の市街地復興では、津波で被災した住宅の移転を目的とした防災集団移転事業と、もともとの土地を区画整理等で整備して元の持ち主に戻す土地区画整理事業が組み合わされて実施されました。震災直後は浸水した土地に戻るのではなく新たに造成される高台の住宅地に住みたい住民が多かったので、高台に

山林を切り開いて新たに住宅地を造成したのですが、その面積分嵩上げ市街地には余剰が生まれます。また浸水した土地にもともと 300 坪所有していても、高台移転の住宅地は 100 坪が上限なので、嵩上げした市街地に未利用地が 200 坪残ることになります。こうした問題は当初から想定されていたのですが、土地区画整理事業という制度上、柔軟な見直しが難しかったという事情があるようです。これらの未利用地を、今後の陸前高田市の発展の中でどのように生かしていくかが課題となっています（2021 年 12 月 16 日陸前高田市役所地域振興部長・阿部勝氏からの聞き取り、および中井検裕・長坂泰之・阿部　勝・永山　悟編（2022）『復興・陸前高田－ゼロからのまちづくり－』鹿島出版会）。

(6) 熊谷圭知（1997）「お茶大生の原風景」、お茶の水地理 38、pp.35-51。授業では、先行研究として奥野健男（1989）『増補 文学における原風景』(集英社)の一部を示し、「原風景」の観念については特定せず、自由に記述してもらいました。

(7) 原風景調査では、私が以前原風景について書いた論文 2 編（熊谷 1997；2012）のコピーを添え、A4 で 1 枚の白紙を送り、自由に記してくださいと依頼しました。その結果、22 名中 18 名から返信を得ました（3 名は電子メール）。その後、知人から紹介を受けた現在市外に住む出身者 1 名に、電子メールで回答を依頼し回答してもらいました。中には、A4 用紙 6 ～ 7 枚にわたる詳細な回答、多数の写真を添えた回答もありました（前掲 (6)、熊谷 (1997)。熊谷圭知（2012）「風景を失うことの意味－陸前高田と原風景をめぐって－」幼児の教育 111-1、pp.54-58)。

(8) 熊谷圭知（2020）「陸前高田の原風景と風土の復興」環境と公害 49-4、pp.31-36。

(9) 自己紹介をする時、「父が陸前高田・米崎の生まれで…」という一言で、相手の表情が緩み、警戒を解いてもらえる場面を何度も経験しました。

(10) 上野千鶴子（2011）『ケアの社会学－当事者主権の福祉社会へ－』太田出版、pp.65-84。

(11) 桜ライン 311：陸前高田市の津波到達点上に桜を植樹し、震災を後世に伝える為のプロジェクト（sakura-line311.org）

(12) 高田松原を守る会（takatamatsubara-mamorukai.jp）

おわりに

　この本は、私が勤務したお茶の水女子大学での「オセアニア社会文化論」・「地域開発論」・「地域と風土」の授業、および非常勤で出講した東京農業大学での「地理学」の授業が基になっています。毎回の授業の中で、答えのない問いにつき合い、熱心に回答を寄せてくれた学生の皆さんに感謝します。

　本書は、私にとって『パプアニューギニアの「場所」の物語－動態地誌とフィールドワーク－』（九州大学出版会、2019 年刊）に続く 2 冊目の単著です。前書は分厚い研究書で、なかなか大勢の人に読んでもらえる機会がないこともあり、今回努めたのは、読みやすい本を作ることでした。一人称のエッセイ風の文体に加え、本文中には文献の出典を挟まず、たくさんのコラムも配しました。一方で、注記には付帯する情報や私の見解を詳しく記述して、さらに深く考えたい人にも応えるようにしたつもりです。

　私は、20 年以上前に『第三世界を描く地誌－ローカルからグローバルへ－』（熊谷圭知・西川大二郎編、古今書院、2000 年刊）という本を、地理学の仲間と共同で執筆しました。「第三世界」をフィールドとする研究者たちが集まり、自らが研究する地域への固定観念に基づく地域像を更新して、いかに新しい地誌を描くかという問題意識を共有していました。

　今回編集を担当してくれた古今書院の鈴木憲子さんは、その時の担当者です。20 数年の歳月を経て企画されたこの本の原稿の第一読者に鈴木さんがなってくれたことを幸運に思うとともに、短期間での企画・出版という無理を引き受けてくださった古今書院に心から感謝します。

　研究者というのは、偉そうに言ってもしょせん道楽なので、自らの世界に閉じるのではなく、その研究を積極的に開き、何かを社会に還していくことが求められると思います。この本を書くことは、私にとってそうした実践の一つでした。本書のメッセージが若い世代の読者たちにも伝わり、少しは心を揺さぶられてくださることを願っています。

　　　2022 年 8 月 21 日　68 回目の誕生日に

　　　　　　　　　　　　　　　　　　　　　　　　　　　　熊谷　圭知

著 者 略 歴

熊谷 圭知（くまがい けいち）
お茶の水女子大学名誉教授。文学博士（九州大学）。
専門は社会文化地理学、オセアニア地域研究。
主著に『パプアニューギニアの「場所」の物語ー動態地誌とフィールドワークー』
（2019 年、九州大学出版会）（2020 年度、人文地理学会賞（学術図書部門）、日本地
理学会賞（優秀著作部門）を受賞）
1954 年東京生まれ。中学・高校時代は名古屋で過ごす。一橋大学大学院修了後、
九州大学助手、阪南大学助教授を経て、2020 年 3 月までお茶の水女子大学に勤
める。大学院修士課程在学中に、パプアニューギニア大学地理学科に留学。生涯
のフィールドとなる。東日本大震災後は、父の故郷でもある岩手県陸前高田市に
学生を連れて通う。

書　名	**つながりの地理学**ーマイノリティと周縁からの地誌ー
コード	ISBN978-4-7722-5346-8　C3025
発行日	2022 年 10 月 12 日　初版第 1 刷発行
著　者	**熊谷 圭知** Copyright　©2022 KUMAGAI Keichi
発行者	株式会社古今書院　橋本寿資
印刷所	太平印刷社
発行所	**株式会社 古今書院** 〒 113-0021　東京都文京区本駒込 5-16-3
電　話	03-5834-2874
F A X	03-5834-2875
U R L	http://www.kokon.co.jp/
	検印省略・Printed in Japan